Sant Kirpal Singh

Wenn Gott auf Erden wandelt

Auftrag und Wesen
der spirituellen Meister

Sant Kirpal Singh

Wenn Gott auf Erden wandelt

Auftrag und Wesen der spirituellen Meister

Divyanand Verlags-GmbH
Sägestr. 37
D-79737 Herrischried

Titel der englischen Originalausgabe: "Godman"

Neu überarbeitete Fassung
von Soami Divyanand

ISBN 3-926696-39-7

Soami Divyanand

Dem Allmächtigen Gott gewidmet,
der durch alle Meister wirkt, die gekommen sind
und Sant Kirpal Singh Ji Maharadj,
zu dessen Lotosfüßen der Autor
das Heilige Naam – das Wort
aufnahm.

Inhaltsverzeichnis

Vorwort

Das Buch *Godman* von Sant Kirpal Singh erschien 1967 zum ersten Mal in englischer Sprache und 1976 in deutscher Übersetzung. Bereits jener Text war eine Überarbeitung von Teilen eines bedeutsamen, umfangreichen Werks, das Sant Kirpal Singh in seinen frühen Jahren als spiritueller Schüler Baba Sawan Singhs zu dessen Lebzeiten in Hindi verfaßt und mit dem Titel *Gurmat Sidhant* unter dem Namen seines Meisters veröffentlicht hatte.

Die englische Version mit Auszügen aus jenem Werk wurde im Auftrag von Sant Kirpal Singh durch einen Schüler erstellt. "Nur ein Meister kann einen Meister verstehen" und so erweist sich bei der aufmerksamen Lektüre von *Godman*, daß sich bei der Überarbeitung eine Reihe sinnentstellender Fehler eingeschlichen haben, die ein falsches Verständnis vom Wesen und Wirken der vollendeten Meister sowie von einigen Merkmalen des spirituellen Pfades vermitteln. Von diesen Irrtümern abgesehen, gewährt das Buch jedoch tiefe Einblikke in die Aufgabe der Menschheitslehrer, weshalb Soami Divyanand, der die spirituelle Arbeit Sant Kirpal Singhs seit dessen Tod weiterführt, sich entschlossen hat, eine neue, überarbeitete Fassung des Textes herauszugeben, um die zeitlose Lehre seines Meisters in unverfälschter Form dem heutigen Sucher nahezubringen.

Der Text der ursprünglichen englischen Ausgabe wurde, soweit möglich, in unveränderter Form neu ins Deutsche übersetzt, während die zu Irrtümern führenden Passagen entweder ausgelassen, durch Erklärungen ergänzt oder abgeändert wurden. Der Herausgeber nahm diese Korrekturen vor, nicht um die Botschaft seines Meisters zu verändern, sondern um sie vielmehr klar und unmißverständlich in ihrem ursprünglichen Sinn zu vermitteln.

Anke Kreutzer

Einführung

Vierundzwanzig kurze, schöne und inspirierende Jahre lang wurde mir der Segen zuteil, in der Liebe und unter der Führung und dem Schutz eines Gottmenschen, des erhabenen Meisters Hasur Baba Sawan Singh Ji Maharaj, zu leben.

Den leidenschaftlichen Wahrheitssucher mit einem Gottmenschen bekannt zu machen ist gleichbedeutend mit einer Antwort auf die ewigen Fragen:

> Was ist Gott?
> Wie können Seine Geschöpfe Ihn erkennen?

Mir wurde die Ehre zuteil, in diesem Buch die Mission eines Gottmenschen zu schildern: im göttlichen Auftrag die Gabe von *Naam (Shabd)*, das strahlende göttliche Licht und den unaufhörlichen, melodischen Klangstrom Gottes, frei und kostenlos an die leidende Menschheit auszuteilen und auf diese Weise die verkörperten Seelen ins Haus des göttlichen Vaters zurückzuführen.

Wenn nur der *Atman* (die Seele) mit *Shabd* – jenem "Band, das vom Namenlosen herabkommt" – verbunden werden könnte, brächte es ihn direkt an Seine Tür. Die spirituellen "Sinne" des Menschen sind jedoch so sehr von den dichten Hüllen aus Gemüt und *Maya* (Täuschung) umnebelt und bedeckt, daß die Seele die Musik von *Shabd* nicht hören und Seine Herrlichkeit nicht sehen kann, obwohl *Shabd* in allem wogt. Wie kann der Mensch dieses Bindeglied mit seinem Schöpfer wiedererlangen?

> Es ist der Wille des Herrn, daß niemand Ihn ohne einen lebenden *Satguru* erkennen kann. *(Var Bihagra 556)*

Ohne die lebenspendende Begegnung mit einem lebenden Meister kann die Seele nicht aus ihrem Schlummer erwachen und sich auf *Naam* einstimmen. Wir alle kennen die Worte aus dem Prolog des Johannes-Evangeliums:

> Am Anfang war das *Wort,* und das *Wort* war bei Gott, und Gott war das *Wort.* ... Und das *Wort* ist Fleisch geworden und hat unter uns gewohnt. (Johannes 1,1;14)

Der Gottmensch ist also das *Wort,* der *Logos,* das *Naam (Shabd),* das *Kalma, Akash-bani*, das *Sarosha* und das *Udgit* oder mit welchem Begriff auch immer es in den unterschiedlichen Religionen der Welt bezeichnet werden mag.

Den Verehrern der heiligen Schriften werden hier ferner die Grenzen schriftlicher Überlieferungen erklärt, und denjenigen, die Heilige der Vergangenheit verehren, liefern historische Zeugnisse die Bestätigung dafür, daß man zurecht an deren Unsterblichkeit glaubt.

Es ist unmöglich, die von Weisheit, Frieden, Trost, Überzeugung, Ermutigung, und von liebevoller Zurechtweisung erfüllten Worte, die ein Gottmensch zu Lebzeiten gegenüber seinen Schülern äußert, in schriftlicher Form zu vermitteln. Die unerschütterliche Überzeugung, daß seine Lehren wahr sind, erwächst mindestens ebensosehr aus seinen Taten, die von selbstloser Güte und übermenschlicher Liebe geprägt sind. Sein Leben, sein Verhalten, sein Einfluß und seine Segnungen prägen sich jedoch unauslöschlich jenen ein, denen es gegeben ist, mit ihm verbunden zu sein. Seine kontrollierende Kraft und seine Fürsorge inspirieren den Schüler, sich zu seinen Füßen zu ergeben und für immer durch sein *Shabd (Wort)* führen zu lassen.

Möge der unermüdliche Sucher nach dem Mysterium des Lebens in seinem *Naam* ewige Ruhe finden.

Kirpal Singh

Du bist des Pilgers Pfad, des Blinden Auge,
des Toten Leben; meine Hoffung ruht in dir;
ziehst du dich zurück, tappe ich im Dunkeln, sterbe ich.

Enthülle deine Strahlen, schließe deine Schwingen und bleibe.
Sieh, sieh, wie blind ich bin, wie tot und verloren,
oh du, der du mein Licht bist, mein Leben, mein Weg.

Francis Quarles

I.

Die Notwendigkeit des Gottmenschen

Unsere Seele ist ein Teil des allmächtigen Gottes: "Und Gott schuf den Menschen nach Seinem Bilde." (1. Mose 1,27)
So heißt es auch im Koran (Sure 4:2): "Oh ihr Menschen, fürchtet euren Herrn, Der euch aus einem einzigen Wesen erschaffen hat; aus diesem erschuf Er ihm eine Gefährtin (*Nisa:* Gattin, Gefährtin) ..."– Gott ist Geist, und auch der Mensch ist seinem innersten Wesen nach Geist oder Seele. Was Gott aus sich selbst schafft, kann nur Geist sein. Gott gab dem Menschen die Gefährtin des göttlichen *Wortes* oder die göttlichen Manifestationen mit, die seine Reisegefährten auf dem Weg zurück zu Gott sind.

In den Veden wird die Seele als *ansha* (Teil, d.h. Teil von Gott) oder auch als Sohn bzw. Tochter Gottes *(duhita* oder *sutha)* bezeichnet. Auch finden sich dort zahlreiche Begriffe, die an anderer Stelle für Gott selbst verwendet werden, wie *indra* (Gott), *agni* (feuriges Licht), *usha* (Morgenröte) und *sumash* (fleischgewordenes *Wort)*. So läßt das Zeugnis der heiligen Schriften keinen Zweifel daran, daß die Seele ihrem Wesen nach göttlich ist. Gott ist Geist, und so kann die Wesensgleichheit zwischen Gott und dem Menschen sich nur auf seine Seele beziehen, die ebenfalls unsterblicher Geist ist. Wenn gleichwohl in einigen organisierten Religionen die Überzeugung vorherrscht, die Seele besitze eine von Gott getrennte, eigene Identität, so kann sich diese Auffassung nicht auf die jeweiligen heiligen Schriften berufen.

Als Gott die Schöpfung ins Leben rief, brachte Er die Seelen aus Sich selbst hervor. Als verkörperte Wesen waren sie dazu bestimmt, in der Welt zu handeln und durch jede Handlung und Erfahrung Eindrücke in sich aufzunehmen. Die Eindrücke zahlloser Empfindungen, die jedes Handeln begleiten, schließen die Seele in immer dichtere und undurchdringlichere Schleier ein, welche die Aufmerksamkeit der Seele in zunehmendem Maße von innen nach außen in die Sinneswelt lenken. Auf diese Weise vergaßen die Geschöpfe Gottes allmählich ihre Einheit mit Gott und empfanden sich als eigenständige, aus eigenem Antrieb handelnde Wesen. In dieser scheinbaren Trennung von Gott, in der die Seele nicht länger der Inspiration des göttlichen Geistes, sondern den Anregungen des eigenen Ich folgt, ist sie zwangsläufig dem Wechselspiel von Ursache und Wirkung unterworfen. Dies bringt unweigerlich die Erfahrung von Sorge und Leid mit sich, denn ohne die lenkende Weisheit Gottes führt alles Handeln zu Bindung in der Welt und damit zum Kreislauf von Leben und Tod. Jede Handlung, jede Erfahrung, ob angenehm oder unangenehm, hinterläßt einen Eindruck in der Seele, und dieser Eindruck wiederum löst Wünsche und Begierden aus, die ihrerseits die Dynamik des Handelns und der Verstrickung verstärken. So hat jedes Geschöpf bei seinem Tod bereits zahllose Saaten unerfüllter Wünsche gelegt, die in weiteren Inkarnationen Frucht tragen müssen.

Während alle anderen Geschöpfe Gottes ohne jeden freien Willen blind ihr Schicksal vollenden müssen, das zur Geburt in der einen oder anderen Gestalt führte, hat der Mensch bei aller Verstrickung den göttlichen Ursprung seiner Seele nie ganz vergessen. Zu irgendeinem Zeitpunkt auf seiner langen Reise, auf der er in stets wechselnden Körpern in unterschiedlichen Lebensumständen den ewigen Wechsel von Freude und Schmerz erfahren hat, erwacht in ihm die Sehnsucht, zu seinem göttlichen Ursprung zurückzukehren. Diese Erinnerung markiert den Wendepunkt in seiner Existenz, denn wenn sie erst einmal lebendig wird, findet ein solcher Mensch keine Ruhe mehr, bis er in sich selbst den Zugang zu Gott wiederfindet. Gott selbst wartet auf dieses Wiedererinnern, und als die bewußte Kraft, die im Innern des Menschen wirkt, verstärkt Er diese Sehnsucht und leitet die Seele so, daß sie ihrem Ziel näherkommen kann. Auf diesen Prozeß der Umkehr bezieht sich Jesus mit den Worten:

> Seid ihr also vollkommen, wie Euer Vater im Himmel vollkommen ist. (Matthäus 5,48)

Nur Gott ist vollkommen, und wenn die Seele vollkommen werden soll, muß sie sich all der täuschenden, begrenzenden Eindrücke entledigen, die sie im Laufe ihrer zahllosen Inkarnationen in der physischen Welt angesammelt hat. Diese Rückkehr der Seele zu Gott bildet Inhalt und Wesen der Religion. *Re* bedeutet "zurück, wieder" und *ligio* "Bindung": die Wiederverbindung der Seele mit ihrem Ursprung. Das Bedürfnis nach Religion entsteht demnach aus der Sehnsucht des Menschen nach der Freiheit vom Leid der irdischen Existenz und nach der Rückkehr zu Gott.

Der Mensch ist nicht in der Lage, aus eigener Kraft die Lagen von Eindrücken um seine Seele zu durchdringen. Verwendet er seinen eigenen Willen und Verstand darauf, wird er durch diese Anstrengung nur noch weitere Eindrücke ansammeln, die seinen Stolz verstärken. Hofft er hingegen, die Wünsche in seinem Herzen dadurch zu überwinden, daß er sie sich erfüllt, wird er feststellen, daß jeder erfüllte Wunsch ein Vielfaches an neuen Wünschen hervorbringt. Je mehr er von seinen Wünschen beherrscht wird, desto unerbittlicher folgt das Leid. So stellt er am Ende fest, daß jede vergangene Handlung in der Gestalt von Wünschen und Neigungen in seinem Wesen lebendig bleibt und ihn dazu treibt, jeden Augenblick neue Eindrücke anzusammeln. In dieser Situation scheint es keinen Ausweg aus seinem Unglück zu geben und keine Möglichkeit, zu Gott zurückzugelangen.

Wie jedoch nicht nur der Koran, sondern in vollkommener Übereinstimmung alle anderen großen heiligen Schriften bezeugen, schuf Gott dem Menschen eine "Gefährtin" *(nisa)*, die Er genauso wie die menschliche Seele aus Sich selbst hervorbrachte. Gott offenbart sich immer wieder in geistiger Gestalt, und dieser Offenbarungsstrom, den die Bibel als den *Logos* oder das *Wort* bezeichnet, ist die Gefährtin der Seele, die sie zu Gott zurückbringt. Den Veden zufolge gibt es dreiunddreißig verschiedene Formen, in denen sich dieser Offenbarungsstrom der Seele mitteilt. Diese Offenbarungen sind wesenseins mit Gott, und in ihnen gibt Sich Gott der Seele in seiner wahren Gestalt zu erkennen. Dieser Geistesstrom ist von der Allmacht und Allgegenwart Gottes erfüllt, und er allein ist stark genug, die Seele von ihren weltlichen Eindrücken und Bindungen zu befreien. Er besitzt eine unwiderstehliche magnetische Kraft, die das Bewußtsein nach innen und nach oben zieht, so daß es sich über das Gemüt und seine Bindung an die materielle Welt erheben kann. Deshalb beruht alle wahre Religion auf Offenbarungen. Religion ist der Weg des menschlichen Bewußtseins zurück zu Gott, und solange die Seele den offenbarten Gott nicht selbst erfährt, ist sie außerstande, Religion zu praktizieren. Jede Form von "Religion", die den Geist an Praktiken innerhalb der materiellen Existenz bindet und ihn nicht darüber hinaus führt, verdient es nicht, als Religion bezeichnet zu werden, denn diese Praktiken tragen nichts dazu bei, die Seele ihrem göttlichen Ursprung näher zu bringen. Religion beginnt, wenn die Seele sich nach innen wendet und sich vom Sinnesbereich loslöst.

Ist diese Erkenntnis einmal gewonnen, so steht der Sucher vor dem zweiten Problem, nämlich wie er Zugang zu Gottes Offenbarungen im Innern erlangen kann.

> Das Wort ist Fleisch geworden und hat unter uns gewohnt. (Johannes 1,14)

Seit es Menschen gibt, hat Gott Heilige oder Gottessöhne entsandt, in denen der *Logos* oder das *Wort* "Fleisch" wurde. Ein solcher spiritueller Meister wird von Gott beauftragt, ernsthaften Gottessuchern die Erfahrung göttlicher Offenbarungen in ihrer Seele zu schenken. Ihm wird diese Aufgabe übertragen, nachdem er selbst in der Meditation alle Stufen der Selbstverwirklichung und Gottverwirklichung bis zur Verschmelzung seiner Seele mit Gott erfahren hat. Er spricht mit Autorität von Gott, da er nur das sagt, was er aus eigener, unmittelbarer Meditationserfahrung weiß. Nur ein Mensch kann einen Meschen leiten, und so ist ein Gottmensch als Bindeglied zwischen der Seele und Gott von zentraler Bedeutung. Ohne diese kompetente Führung kann keine Seele Erlösung aus dem Kreislauf von Geburt und Tod finden. Auch diese Wahrheit finden wir übereinstimmend in den heiligen Schriften niedergelegt. So verkündet das Johannes-Evangelium:

> Ich bin der Weg, die Wahrheit und das Leben. Niemand kommt zum Vater außer durch mich. (Johannes 14,6)

> Niemand kennt den Sohn als der Vater; und niemand kennt den Vater als der Sohn und wem der Sohn es offenbaren will. (Matthäus 11,27)

Dasselbe verkünden die Schriften des Ostens. So steht geschrieben:

> Niemand ist erhabener als Rama und Krishna, aber selbst sie mußten einem *Guru* nachfolgen; obwohl sie von der ganzen Welt verehrt werden, mußten sie sich doch zu den Füßen eines Gottmenschen ergeben.

In *Gurbani,* der heiligen Schrift der Sikhs, heißt es:

> Nanak weiß nur eines: Niemand kann die Erlösung ohne einen Gottmenschen finden.

Derselbe Grundsatz wird eindringlich im Koran bestätigt:

> Scheint es den Menschen so seltsam, daß Wir einem Manne aus ihrer Mitte die Eingebung sandten: "Warne die Menschen und verkünde frohe Botschaft denen, die da glauben, daß sie einen wirklichen Rang bei ihrem Herrn besitzen"? (Sure 10:2)

Zu allen Zeiten und in allen Kulturkreisen gelangten, wie die heiligen Schriften belegen, aufrichtige Gottsucher zu der Einsicht, daß der Pfad zur Erlösung nicht ohne einen Gottmenschen zu finden ist. Als Gott die Welt erschuf, manifestierte sich der absolute Geist im *Logos* oder *Wort,* dem *Shabd, Naam,* der Sphärenmusik oder dem Klangstrom. Dieses göttliche Wort durchdringt die ganze Schöpfung und hält sie am Leben. Zöge es sich für auch nur einen Augenblick aus dem Universum zurück, fiele dieses in sich zusammen. Diese Kraft trägt alle Eigenschaften des vollkommenen Gottes in sich, und sie bildet das innerste Wesen der menschlichen Seele. Auch der Mensch könnte keinen Augenblick existieren, wenn ihn diese Bewußtseinskraft nicht am Leben erhielte. Gleichwohl hat sich der Mensch in einem solchen Maße mit seiner materiellen Existenz identifiziert, daß er die Gegenwart dieser göttlichen Kraft in sich selbst und in allem nicht wahrnimmt. Wird er jedoch irgendwann einmal müde, sich stets und ständig an die wechselnden Phänomene der physischen Welt zu binden, beginnt er, das Göttliche in sich selbst zu ahnen. Er fängt an, sich nach der unmittelbaren Berührung mit dieser Kraft zu sehnen. Schließlich begegnet er einem Gottmenschen, der ihn mit der unmittelbaren Erfahrung des offenbarten Gottes in sich segnet. So wie elektrische Energie existiert, jedoch nur dann genutzt werden kann, wenn man durch einen Schalter die Verbindung mit dem Elektrizitätswerk herstellt, genauso stellt ein Gottmensch die unmittelbare Verbindung mit der Gotteskraft her.

Er ist gleichsam der menschliche Pol, in dem der *Logos* wirksam ist, und er ist von Gott beauftragt, anderen Menschen eine unmittelbare Erfahrung von göttlichen Offenbarungen zu vermitteln. Diese Heiligen, Propheten, Seher oder Meisterseelen strahlen Gottesmanifestationen des inneren Lichts, Klangs und *Soma* (den reinen *Logos)* aus. Sie gebieten über alle verschiedenen Stufen der Gotteserfahrung und besitzen die Macht, andere damit zu segnen. Sie sind das personifizierte *Wort.*

> Der Geist des Herren spricht durch mich, und sein *Wort* ist auf meiner Zunge. (2. Samuel 23,2)

> Dein *Wort* ist meines Fußes Leuchte und ein Licht auf meinem Wege. (Psalm 119,105)

Der Gottmensch ist das Werkzeug, durch das Gott Seinen Willen in die Tat umsetzt. Das *Wort* oder *Shabd* ist die subtilste Manifestation Gottes. Allein durch den Gottmenschen kann man den Herrn erkennen und mit dem *Wort* in Berührung gelangen. Nur durch den Gottmenschen ist es uns möglich, uns über den physischen Daseinsbereich zu erheben und die spirituelle Wirklichkeit in uns zu erfahren. Zunächst begegnen wir dem Gottmenschen in seiner physischen Gestalt, damit er uns seinerseits mit den Offenbarungen Gottes im Innern segnet, die durch ihn wie durch einen Pol wirken. Auf diese Weise hilft er uns, das Mysterium des Lebens zu erkennen, die Wirklichkeit Gottes zu erfahren, indem sich unsere Seele zu Ihm erhebt, und uns aus dem Griff des Gemüts und der Sinne zu befreien.

Die spirituellen Kräfte eines solchen Gottmenschen ziehen den Geist des Ergebenen aus dem Körper empor, so daß er jenseits von Gemüt und Körper die bewußten göttlichen Manifestationen erfährt.

Der Gottmensch ist von Gottes Manifestationen untrennbar, denn in seinem geistigen Aspekt ist der Gottmensch der *Logos* selbst – das fleischgewordene *Wort*. In seiner physischen Gestalt begegnet er seinen Mitmenschen jedoch als einer von ihnen, so daß die Sucher sich vertrauensvoll an ihn wenden, ihn lieben und auf diese Weise die spirituelle Verbindung im Innern erlangen können. Wenn sie unter seiner Führung den inneren Pfad der göttlichen Offenbarungen gehen, werden nach und nach die Saaten der Karmas, die gewöhnlich in immer neuen Reinkarnationen Frucht tragen müssen, gleichsam verbrannt, so daß der Ergebene im Laufe seiner spirituellen Entfaltung immer mehr mit dem Gottmenschen (mit Gott in ihm) eins wird. Dies ist der hohe Zweck, zu dessen Erfüllung die Gottmenschen zu allen Zeiten in die Welt gesandt werden.

Shabd, Wort, Naad, Bani, Kalma oder *Soma* sind nur unterschiedliche Bezeichnungen für die göttlichen Manifestationen, die der Seele Erlösung bringen. Obgleich Gott in allem gegenwärtig ist, können wir Ihn nicht erkennen, solange Er Sich nicht in das Gewand des Menschen kleidet und unter uns weilt. Wir können nicht erkennen, daß unsere Seele das Ebenbild Gottes ist, solange Gott nicht zum Ebenbild des Menschen wird. Erst muß jemand die Funken aus dem Stein schlagen, um uns zu zeigen, daß Feuer im Stein verborgen ist. Gott muß uns als Mensch erscheinen, damit wir erfahren, daß das Feuer der göttlichen Manifestationen in uns ist. Der Gottmensch befreit uns aus dem Leid der materiellen Existenz und führt uns durch den Offenbarungsstrom zur Erlösung. Die heiligen Schriften können nur entfernte Hinweise auf die spirituellen Regionen geben, die in unserem Innern verborgen sind, indem sie die Erfahrung früherer Seher bezeugen; sie können jedoch weder spirituelle Weisungen geben, noch als Führer auf dem mystischen Pfad dienen.

Der Gottmensch allein besitzt den Schlüssel zum "Himmelreich", und er allein öffnet uns die Tür zum Reich Gottes.

> Das sagt der Heilige, der Wahrhaftige, der den Schlüssel Davids hat, der öffnet, so daß niemand zu schließen, der schließt, so daß niemand zu öffnen vermag. (Offenbarung 3,7)

In fast identischen Worten bezeugt der *Gurbani:*

> Gott hat Sein Reich verschlossen und den Schlüssel dem Gottmenschen ausgehändigt. Nur die Hingabe an den Gottmenschen hilft, das Reich Gottes zu öffnen.

Das Johannes-Evangelium läßt nicht den geringsten Zweifel an der überragenden Bedeutung des Gottmenschen auf dem spirituellen Pfad:

> Ich bin das Licht der Welt. Wer mir folgt, wird nimmermehr in der Finsternis wandeln, sondern das Licht des Lebens haben. (Johannes 8,12)

II.

Was ist der Gottmensch?

Wer Gott erfahren will, der muß zunächst einem Meister begegnen, ihn verstehen und seine Größe erfassen. Leider fehlen uns jedoch die Augen, mit denen wir sein wahres Wesen erkennen könnten. Es steht geschrieben: "Nur ein Prophet kann einen Propheten erkennen." Als verkörperte Seelen, die im Bereich der Sinne leben, sind wir einfach nicht imstande, ihn zu erfassen.

> Wie kann das Geringere das Größere verstehen oder der begrenzte Verstand das Unendliche erreichen? Denn was Gott ergründen wollte, wäre mehr als Er. (John Dryden)

Im *Japji*, einem Teil des *Adi Granth*, erklärt Guru Nanak:

> Es sei denn, man erhebe sich zu Seiner Stufe, man kann Ihn (Gott) nicht erkennen.

Solange wir uns nicht über das Körperbewußtsein erheben, können wir die Größe einer solch erhabenen Seele nicht erfassen. Der Gottmensch ist das fleischgewordene *Wort,* und erst wenn wir uns zur höchsten spirituellen Realität erheben können, ergründen wir dieses *Wort.* Der Gottmensch ist sowohl Menschensohn als auch Gottessohn. Wenn wir ihn als Gottmenschen bezeichnen, dann beziehen wir uns dabei auf das personifizierte *Wort.* Als solches ist er über die drei Daseinsebenen – die physische, astrale und kausale Ebene – wie auch über die drei angeborenen Neigungen (*Satva, Rajas* und *Tamas*, d.h.

rechtschaffenes Handeln, weltlicher Ehrgeiz und Trägheit) erhaben. Der Gottmensch kennt keine Bindung an den physischen Körper, noch identifiziert er sich mit ihm. Er hat sich auch über die fünfundzwanzig *Prakritis* erhoben (d.h. über die je fünf subtilen Neigungen, die den fünf *Tatwas,* den die gesamte Schöpfung konstituierenden Elementen, entsprechen), und er kennt keinerlei Bindung an Gemüt und Materie. Er lebt im physischen Körper, ohne sich damit zu identifizieren. Shamas-i-Tabriz beschreibt ihn daher in den folgenden Worten:

> Er ist eine Lerche, die ein goldenes Ei legt.

Dies bezieht sich auf das Licht von *Naam* oder dem *Wort,* das jedem Einzelnen bei seiner Initiation (einer ersten, unmittelbaren Erfahrung göttlicher Offenbarungen) zuteil wird.

> ... Jeden Morgen reitet er hinauf zum hohen Himmel. Seine Bahn durchquert die Sonnensysteme, und wenn er sich niederlegt, sind Sonne und Mond sein Ruhekissen.

Mit anderen Worten: Wenn er nicht mit seinen von Gott übertragenen Pflichten in der Welt beschäftigt ist, begibt er sich in die höheren Regionen. Wenn er die Augen schließt, erhebt er sich über das Körperbewußtsein und überquert die zwölf göttlichen Manifestationen des Lichtes, welche himmlische Regionen mit Sonne, Mond und Sternen einschließen, allesamt Manifestationen des göttlichen *Wortes.* Solange er sich andererseits mit seinen Aufgaben in der Welt beschäftigt, ist er unaufhörlich vom Strom der göttlichen Klänge durchdrungen.

> Oh Shamas-i-Tabriz! Durch einen einzigen freundlichen Blick kann er Tausenden von Stockblinden das Augenlicht schenken.

Durch seine spirituelle Kraft kann er anderen Menschen das spirituelle Auge öffnen, so daß sie Gottes Licht sehen und schließlich selbst zu Sehern und Propheten werden. Guru Nanak erklärt:

> Nicht der ist blind, der keine Augen im Gesicht hat, sondern blind ist der, dem Gott Sich nicht offenbart.

Ein Gottmensch gewährt also denen das “Augenlicht”, die spirituell blind sind. Ein solcher Gottmensch ist in der Tat eins mit Gott, auch wenn er auf Sein Geheiß in der materiellen Welt lebt, um Seinen göttlichen Willen zu erfüllen. Aus Barmherzigkeit gegenüber den weltmüden Seelen, die sich, erschöpft und überdrüssig, nach der Wiedervereinigung mit Gott sehnen, hat Gott dafür gesorgt, daß sie heimkehren können. Zu diesem Zweck lebt der geliebte Sohn Gottes in der Welt. Da allein ein Mensch Lehrer des Menschen sein kann, muß Gott Seine Botschaft durch den Gottmenschen entsenden.

> Gott der Herr tut nichts, ohne Seinen Ratschluß Seinen Knechten, den Propheten, zu offenbaren. (Amos 3,7)

Er ist der bewußte Mitarbeiter im Werk Gottes, das darin besteht, die Seelen zu Gott zurückzuführen. Ihm sind alle jene Seelen bekannt, die aufgrund ihres vergangenen Karmas zu Gott zurückgeführt werden sollen. Niemandem ist es möglich, den Pfad der Spiritualität zu betreten, wenn ihm dies nicht aufgrund seiner Karmas aus früheren Lebensläufen bestimmt ist. Deshalb heißt es im *Ramajama*:

> Oh Hanuman, ich bin gewiß, daß niemand zum Heiligen kommt, wenn ihm dies nicht vorherbestimmt ist.

Und Jesus erklärte:

> Ich bin der gute Hirt und kenne die Meinen, und die Meinen kennen mich. (Johannes 10,14)

Diese Worte lassen nur den einen logischen Schluß zu, nämlich daß ein solcher von Gott beauftragter Meister Einblick in das jeweilige

Karma einer Seele hat und nur solche Sucher in seine Schar aufnimmt, für die seine spirituelle Führung vorherbestimmt ist. Durch persönliche Unterweisung sowie innere und äußere Führung leitet er solche Seelen auf dem inneren Pfad.

Jede Seele empfängt unter seiner Führung soviel Gnade, wie sie aufzunehmen bereit ist. Die spirituelle Erfahrung bzw. die Stufe innerer Offenbarungen, die ein Schüler erfährt, hängt von der Empfänglichkeit oder Reinheit seiner Seele ab. Der Meister verfügt über unbegrenzte spirituelle Schätze, die er großzügig an alle verteilt, die den Wunsch danach hegen. Und doch bekommt jeder gerade soviel, wie er auf seiner jeweiligen Entwicklungsstufe in sich aufnehmen kann, denn auch in der Spiritualität kann nur "verdaute Nahrung" Kraft geben. Im Laufe seines inneren Fortschritts entfaltet sich allmählich die einmal gelegte Saat. Sheikh Moin-ud-din Chishti erklärt:

> Die Meisterseelen leben in der Welt, aber ihr Geist weilt stets in den hohen Himmeln. Mögen sie auch im Körper gefangen sein, so schwebt doch ihr Geist weit darüber.

Auch Maulana Rumi erklärt:

> Beurteile einen Gottmenschen niemals von der menschlichen Ebene aus, denn er ist viel mehr, als er zu sein scheint.

Dem äußeren Anschein nach sind alle Menschen gleich, und doch unterscheiden sich alle hinsichtlich ihrer inneren Entwicklung voneinander. Diese geistige Mitgift aus früheren Lebensläufen hilft jedem einzelnen auf dem spirituellen Pfad und entscheidet über die Reichweite seiner jetzigen Entwicklung, so daß der Zeitfaktor bei jedem anders ist. Der Gottmensch gewährt seine Gnade allen Suchern gleichermaßen, aber entsprechend ihrer Aufnahmefähigkeit empfangen sie unterschiedlich viel Segen.

Wer nur seine menschliche Gestalt betrachtet, kann einen Meister nicht recht verstehen. Er ist ein endloser Strom göttlicher Wahrheit, der vom Anbeginn der Schöpfung und durch alle Zeitalter hindurch unwandelbar aus Gott hervorquillt. In unserer Begrenzung durch Raum und Zeit und in tiefer Illusion befangen, können wir die spirituelle Gestalt eines Gottmenschen nicht erfassen, und deshalb machen wir uns in den engen Grenzen unseres spirituellen Verständnisses unser eigenes Bild von ihm. Kabir sagt:

> Würden auch alle Berge zu Tintenpulver zerstoßen und mit dem Wasser der Meere vermischt und wäre die ganze Erde ein einziges Blatt Papier, selbst dann könnte man die Größe eines Meisters nicht beschreiben.

Ein persischer Heiliger bestätigt diesen Gedanken:

> Er steht über aller Vorstellung, allem Begreifen, er läßt sich nicht einmal erahnen. Er übersteigt Sehen, Hören und Verstand. Selbst wenn man ein Leben lang zu seinem Ruhm sänge, könnte man ihm nicht gerecht werden.

Er ist der König der Spiritualität, und solange wir mit Scheuklappen unseren weltlichen Bestrebungen folgen, können wir ihn in seiner Größe nicht erkennen. Auch Maulana Rumi bezeugt:

> Wollte ich seinen zahllosen Segnungen bis in alle Ewigkeit preisen, so könnte ich doch fast nichts über sie erzählen.

Was auch immer wir über einen Gottmenschen sagen mögen, kann nicht darüber hinweg täuschen, daß wir von der intellektuellen Warte aus urteilen, deren Reichweite äußerst begrenzt ist. Wie sehr wir uns auch um das rechte Verständnis bemühen mögen, sein erhabenes Wesen wird es uns kaum näher bringen. Deshalb bezeugt Guru Arjan:

> Du bist ein König, ich aber nenne dich einen älteren Freund; statt dir irgendeine Ehre zu erweisen, mache ich dir nur Schande.

Selbst der höchste und feinsinnigste Verstand, der ihn beschreiben wollte, gleicht einem kleinen Kind, das sich vor seine Mutter stellt und sagt: "Oh Liebste, ich kenne dich!" Wieviel kann es von ihr wissen, wenn es nicht einmal über sich selbst etwas weiß? Seine lieben, unbeholfenen Worte können der tiefen mütterlichen Liebe und Zuneigung nicht gerecht werden, die sie zu ihrem Kind empfindet. Genausowenig können wir den Meister rühmen, da wir von der Warte des Verstandes aus den, der über alle Schranken und Begrenzungen erhaben ist, nicht erkennen können.

III.

Der Gottmensch ist das personifizierte *Wort*

Das Johannes-Evangelium beginnt mit den denkwürdigen Worten:

> Im Anfang war das *Wort,*
> und das *Wort* war bei Gott,
> und Gott war das *Wort*.
> Dieses war im Anfang bei Gott.
> Alle Dinge sind durch es geworden,
> und ohne es ist nichts geworden, was geworden ist. (Johannes 1,1-3)

Am Anfang manifestierte sich der absolute Gott in der Gestalt des *Wortes (Soma)*, aus dem die Schöpfung hervorging. Weiter heißt es:

> Und das *Wort* ist Fleisch geworden und hat unter uns gewohnt ... voll Gnade und Wahrheit. (Johannes 1,14)

Die göttlichen Manifestationen des *Wortes,* des *Shabd* oder *Soma* wirken durch einen menschlichen Körper, und so kann man einen Gottmenschen als das personifizierte göttliche *Wort* bezeichnen. Bei der Entstehung der Schöpfung ging das *Wort* aus Gott hervor und schuf seinerseits die gesamte materielle Welt. Gleich göttlichen Funken trennten sich die Seelen von Ihm, um als lebendige Wesen in der Welt zu leben. Zugleich jedoch wird das göttliche *Wort* seit Anbeginn der Schöpfung immer wieder in menschlicher Gestalt manifest, um als Gottmensch die nach ihrem Ursprung verlangenden Seelen zu Gott zurückzuführen. Im *Gurbani* lesen wir:

> Das *Wort* ist der Meister, und die Seele ist der Schüler des *Wortes.*
> Das *Wort* ist der Meister und der Prophet, voller Weisheit, tief und unergründlich. Ohne das *Wort* kann die Welt nicht existieren. Zwischen dem *Wort* und dem Meister besteht kein Unterschied. Das *Wort* ist wahrhaftig das Elixier des Lebens, und wer unter der Anleitung eines lebenden Meisters dem *Wort* nachfolgt, der überquert sicher das Meer des Lebens.

Tulsi Sahib sagt:

> Die Seele ist der Schüler, und das *Wort* ist der Meister. Erst wenn die Seele mit dem *Wort* verbunden wird, findet sie den Weg zu Gott zurück, indem sie sich ins Jenseits erhebt und in die umgekehrte Quelle gelangt.

Das *Wort* manifestiert sich demnach nur im Menschen, um die Seele nach innen zu lenken, wo sie auf ihrer spirituellen Reise durch die inneren Ebenen zu Gott zurückgelangt. Die Schwelle zwischen dem Diesseits und dem Jenseits, die im Innern des Menschen verborgen liegt, nennt Tulsi Sahib hier "die umgekehrte Quelle", insofern das göttliche *Wort* die Seele über die Sinne emporzieht und mit sich vereint. Bhai Gurdas erklärt denselben Sachverhalt:

> Erst wenn die Seele mit aller Aufrichtigkeit *Dhuni* (den Klangstrom oder das *Wort)* als Meister annimmt, wird sie zu einem *Gurmukh;* nun erkennt sie, daß das *Wort* und der Meister wirklich eins sind.

Kabir erklärt:

> Der Meister ist im *Gaggan* (in der "engen Pforte" oder der

> "zehnten Tür" oberhalb der Sinne), und hier ist auch der Sitz der Seele. Wenn beide sich vereinen, besteht fortan keine Trennung mehr zwischen ihnen. Nimm das *Wort* als Meister an, alles andere ist Lug und Trug. Jeder, der für seine egoistischen Ziele lebt, wandert von einem Ort zum anderen.

Das *Wort* lehrt und führt seit Anbeginn der Zeit die ganze Menschheit. Gesegnet sind die Menschen reinen Herzens, denn in ihnen manifestiert sich das göttliche *Wort.* Dieses *Wort,* das im menschlichen Pol wirkt, steht uns als lebender Lehrer zur Seite. Es ist der wirkende Gott, und kann in Fülle durch einen Gottmenschen, der eins mit Gott ist, empfangen werden. Guru Nanak erklärt:

> Als ich das Meer im Körper rührte, kam ein seltsames Geheimnis ans Licht:
> Gott war eins mit dem Meister, und keinen Unterschied konnte Nanak finden.

Wer über das *Wort* gebietet, der wird als Heiliger oder Gottmensch bezeichnet. Diese Wahrheit dämmert nur demjenigen, der das Wort *"Guru"* seinem ursprünglichen Wortsinn nach begreift. Es leitet sich von der Sanskrit-Wurzel *giri* ab mit der Bedeutung: einer, der ruft. Der *Guru* ist jemand, der nicht nur diesen Ruf beständig in sich hört und ihm mit ganzem Herzen ergeben ist, sondern ihn auch für andere hörbar machen kann.

Der heilige Kabir sagt:

> Unsere Verehrung gilt allen Lehrern, gleich welchen Bekenntnisses. Der Adept des Klangstroms ist jedoch wahrlich der größte.

Auch Tulsi Sahib spricht davon:

> Wer den Klangstrom offenbaren kann, ist wahrlich ein Heili-

ger. Durch Selbstanalyse findet man den Klang im Innern.

Kabir hat gefordert, daß jene, die sich selbst *Satguru* oder Heilige nennen, den Menschen das Unoffenbarte offenbaren.

Und im *Sar Bachan* von Soami Shiv Dayal Singh aus Agra steht:

> Der Meister bringt die Botschaft vom Klang. Er dient nichts anderem als dem Klang. Der vollkommene Meister ist unaufhörlich in den Klang vertieft. Sei der Staub zu den Füßen eines Meisters, der den Klang offenbart.

Der *Satguru* ist durch die Manifestation des *Wortes* oder *Soma* vollständig von Gottes Weisheit erfüllt, weshalb er auch als *Veda* ("göttliche Weisheit") bezeichnet wird. Er birgt in sich die wahre Gestalt Gottes und ist durchdrungen vom Elixier des Lebens. Er gewährt die göttlichen Offenbarungen des *Soma* oder des *Wortes,* die ihrerseits die Seele in die himmlischen Regionen emporziehen. Die Theosophen nennen dies die "Stimme der Stille". Ihr Widerhall ist von einer Ebene zur anderen zu hören.

In der Terminologie der Meister ist ein wirklicher Heiliger, wer uns die göttlichen Offenbarungen des *Wortes* schenken kann. Ohne einen solchen Adepten erlangt niemand die Gabe des *Wortes*. Es wirkt wie ein Seil, das die Seele festbindet, um sie zu Gott emporzuziehen. Mit dem *Wort* erhebt sie sich leicht zu Gott.

> Oh Nanak, von jeher waren alle Heiligen in *Shabd* (das *Wort)* vertieft. Gesegnet ist der Meister Ram Das, der ebenfalls mit *Shabd* verbunden wurde.

Nur von einem solchen Adepten des *Wortes* kann man den wahren Lebensimpuls empfangen. Er selbst ist eins mit jenem wahren Lebensstrom, von dem alles beseeltes Leben empfängt. Der Gottmensch ist das personifizierte *Wort.* Der Gottmensch ist vom *Wort* durchdrungen, mit dessen Hilfe er sich weit über den Machtbereich von *Kal* oder der Zeit erhoben hat. Er besitzt das ewige Leben und ist ermächtigt, es auch anderen zu schenken, die ihm begegnen und seinen Anweisungen folgen.

Gegenwärtig liegt die menschliche Seele unter einem unendlich dichten Schleier der *Maya* oder der materiellen Eindrücke begraben. Sie weiß nicht einmal, daß sie Geist ist. Nur mit Hilfe des *Wortes* kann sie zur Wirklichkeit erwachen und sich ihrer eigenen Größe bewußt werden. Dieser Lebensstrom des *Wortes* liegt in jedem von uns verborgen, wenn auch nur in latenter Form. Es muß für die Seele erst greifbar bzw. hörbar werden, damit sie sich aufgrund der Wesensverwandtschaft allmählich ihres reichen spirituellen Erbes bewußt wird und es als ihr eigen beanspruchen kann.

Diese Verbindung der Seele mit dem *Wort* kann allein der Meister und niemand anders herstellen und festigen, denn er ist das personifizierte *Wort.*

> *Shabd* ist ein heiliges Gut, das dem Meister anvertraut wurde, damit er es gewissenhaft weitergibt. Das *Shabd* des Meisters kann allein ein Meister manifestieren, niemand anders wäre dazu in der Lage. *(Gurbani)*

Der Meister gebietet also über das *Wort.* Es liegt in seiner Hand, es zu manifestieren, d.h. hörbar zu machen, indem er den Geist über den Bereich der Sinne emporhebt.

Diese Verbindung mit *Shabd* ist die barmherzige Gabe von einem Meister. Ein solch unschätzbares, unfaßbares und grenzenloses Geschenk wie *Shabd* können wir selbst durch die edelsten Taten innerhalb von Raum und Zeit nicht verdienen. Der Meister enthüllt dieses *Wort* jedoch aus größter Barmherzigkeit und Gnade, wenn er es so will. In dem Augenblick, in dem ein hilfloses Kind versucht, sich selbst zu seiner Mutter hochzuziehen, läuft sie voller Liebe zu ihm, hebt es zärtlich auf und schließt es liebevoll in ihre Arme. Genauso führt der Meister die Seele aus reiner Barmherzigkeit zu Gott zurück. Dies bedeutet aber nicht, daß man sich nicht anzustrengen braucht. Vielmehr sollte man unermüdlich nach den Geboten des Meisters handeln. Der Erfolg hängt jedoch allein von der Gnade des Meisters ab.

> Wer wirklich dem Meister nachfolgt, lauscht ständig dem göttlichen Klangstrom. Je stärker der Klangstrom wird, desto mehr vertieft er sich in ihn.

Durch diesen *Anhad Bani* (unaufhörlichen Klangstrom) wird das *Wort* zur lebenspendenden Kraft in unserem Leben. Das *Wort* ist die bewahrende Kraft nicht nur in den Heiligen, sondern in allen Lebewesen, wobei der einzige Unterschied darin besteht, daß ein Gottmensch sich dessen vollkommen bewußt ist, während gewöhnliche Sterbliche diesbezüglich in ohnmächtiger Unwissenheit leben. Während die Gottmenschen die Vaterschaft Gottes nicht nur erfahren haben, sondern wahrhaftig in dieser Beziehung leben, haben die letzteren nicht die geringste Ahnung davon. Jesus Christus sagte:

> Ich gebe ihnen (den Jüngern) das ewige Leben, und sie werden in Ewigkeit nicht verlorengehen, und niemand wird sie meiner Hand entreißen. ... Der Vater, der mir sie gegeben hat, ist größer als alle... Ich und der Vater sind eins. (Johannes 10, 28-30)

Ganz ähnlich heißt es im *Gurbani:*

> Gott tut, was Seine Heiligen wünschen, ihr Wille muß sich erfüllen. Niemand kann sich ihren Wünschen widersetzen. Der Vater und der Sohn sind in der gleichen Farbe gefärbt.

Auch Maulana Rumi erklärt:

> Ein *Aulia* (Gottmensch) besitzt selbst die Macht, einen Blitz vom Himmel in eine andere Richtung zu lenken.

Dies sollte jedoch nicht zu dem Trugschluß führen, als ob Heilige die Autorität Gottes anzweifelten oder ihre eigenen Machtbefugnisse neben die Seinen stellten. Weit davon entfernt, handeln sie als Beauftragte und Gesandte. In der Welt wirkt Gott durch sie.

Vom Ego befreit, sind sie bewußte Mitarbeiter an Gottes Plan. Vom *Wort* erfüllt, richten sie durch diesen inneren Strom unmittelbar Botschaften an Gott und empfangen Seinen Willen auf demselben Wege. In Bezug auf die Welt sind sie wiederum der Pol, durch den Gott wirkt. So erklärt der heilige Paltu:

> Der Vater und der Sohn sind eins, und sie erfüllen dasselbe Gesetz. Oh Paltu, im Reich Gottes gibt es keinen anderen Boten als den Heiligen. Die zwei sind wahrhaftig so eng und unlösbar miteinander verwoben, daß der Heilige alle Fäden in der Hand zu haben scheint.

Maulana Rumi bezeugt:

> Ein *Aulia* oder Gottmensch ist der Auserwählte Gottes. Er besitzt vollkommenes Wissen von allem Sichtbaren und Unsichtbaren.

Desweiteren spricht Gott durch die Heiligen. So sagt Guru Nanak:

> Oh Lalo, ich spreche nur aus, was Gott mich sagen läßt. Der *Sadh* ist das Sprachrohr Gottes.

Der leidenden Menschheit zuliebe kommt Gott im Gewand eines Menschen in die Welt, um sie als barmherziger Erlöser mit all ihrer Schuldenlast in seine Obhut zu nehmen.

Ein lebender Meister ist die einzige Hoffnung für die irrende Menschheit. Er ist der Erlöser für die Sünder. Mit Hilfe des grenzenlosen *Wortes,* das er wie eine Schatzkammer in sich birgt, hilft er den Seelen, sicher über das Meer des Lebens zu gelangen und das ewige Leben zu erringen. Während er im Innern vom *Wort* erfüllt ist, wirkt er im Äußeren als Lehrer oder *Guru*, um den Suchenden auf der physischen Ebene spirituelle Unterweisung zu geben und sie nach seinem Willen in die feinstofflichen und kausalen Bewußtseinsebenen und noch weiter emporzuheben, so wie es jeweils dem Fortschritt eines Schülers auf dem spirituellen Pfad entspricht. Der Gottmensch führt ihn bei jedem Schritt. Er ruht nicht, bis er ihn ganz zu Gott geführt und mit ihm vereint hat.

Die Aufgabe eines Gottmenschen besteht darin, die Seele aus dem Leid des Todes und der Wiedergeburt zu erlösen.

Guru Nanak erklärt:

> Wer eins mit der Wahrheit ist, der ist ein Meister der Wahrheit.
> Er kann die Seelen befreien, und Nanak singt zu seinem Ruhm.
> Besser und wahrlich schlichter sag' ich:
> Gott läßt die Menschheit niemals ohne einen Pfad.

IV.

Heilige und vollendete Meister

Im Laufe seines Lebens muß ein Mensch die Schule unterschiedlicher Lehrer durchlaufen, um die Ziele zu verwirklichen, die er sich gesteckt hat. Vater und Mutter lehren und führen ihn zur Reife des Erwachsenen; die Lehrer in der Schule vermitteln ihm das nötige Wissen für seine berufliche Laufbahn. Genauso wie er für jedes beliebige Wissensgebiet, das er sich erwählt hat, einen Spezialisten benötigt, der ihn darin unterrichtet, benötigt er einen Lehrer, um die Philosophie bzw. das theoretische Wissen von der Religion zu erlernen. Ein spiritueller Lehrer schließlich oder ein *Murshid-i-Kamil* ist jemand, der über das theoretische Wissen hinaus auch praktische Führung auf dem Pfad der Religion geben kann.

Es steht geschrieben: "Was wird es dem Menschen nützen, wenn er die ganze Welt gewinnt, aber sein Leben verliert?" (Matthäus 16,26) – So kommt dem Gottmenschen die höchste Bedeutung zu, da er spirituelle Führung gewährt. Wer das theoretische Wissen von der Religion beherrscht, mag als Theologe oder auch als Priester wirken, da er die heilige Schrift bzw. die heiligen Schriften seiner eigenen Religion kennt und auf dieser Grundlage ethische und soziale Verhaltensweisen lehrt. Ein Gottmensch oder vollendeter Meister ist jemand, der spirituelle Führung gibt. Die Beziehung zwischen ihm und seinen Schülern besteht allein auf der spirituellen Ebene – ihm geht es allein um den Fortschritt des Geistes, während er mit weltlichen Angelegenheiten nicht das geringste zu tun hat.

Entsprechend der Stufe oder der spirituellen Region, zu der sie sich erhoben haben, kann man die spirituellen Lehrer in drei Gruppen einstufen:

1. *Sadhguru* (frommer Mann)
2. *Sant Sadhguru* (Meister oder Heiliger)
3. *Param Sant Sadhguru* (vollendeter Meister oder Heiliger)

1. Ein *Sadhguru* ist ein frommer Mensch, der über die Region von *Trikuti* oder *Onkar* (bei Muslimen als *Lahut* bekannt) hinausgelangt ist. Dies ist die zweite Region oberhalb des physischen Universums. Den Sufis zufolge ist ein *Sadhguru* jemand der, die Region von *Hu* überquert und alle grobstofflichen Eindrücke in der Seele abgelegt hat, so daß er von den drei *Gunas* oder Attributen *(Satva, Rajas* und *Tamas)* frei ist und nicht länger unter dem Eindruck der fünfundzwanzig Neigungen im Gemüt steht, die wir auch als Täuschung bezeichnen mögen.

2. Ein *Sant Sadhguru* oder Meister ist jemand, der *Sach Khand* (die Region der Wahrheit) erreicht hat. Er hat sich selbst als Teil des allmächtigen Herrn erkannt und sehnt sich danach, in ihm aufzugehen.

3. Als *Param Sant* oder vollendeten Meister bezeichnen wir einen Menschen, der wie der *Sant Sadhguru* die Region der Wahrheit erreicht hat und nun von Gott beauftragt wird, als bewußter Mitarbeiter im göttlichen Plan zu wirken. Er ist der Herr voller Barmherzigkeit oder *Soami* (Herr) und ist mit dem Höchsten einsgeworden.

Zwischen einem *Sant* und einem *Param Sant* gibt es nur einen Unterschied: beide haben die Region der Wahrheit erreicht, nachdem sie alle darunter liegenden Regionen durchquerten, aber nur derjenige wirkt als vollendeter Meister oder *Param Sant*, der danach von Gott beauftragt wird, andere Sucher auf den inneren Pfad zu führen. Der *Sant Guru* hat dagegen nur für sich selbst die Erlösung gefunden und gibt anderen durch sein Beispiel Inspiration und Führung, ohne jedoch die Seelen auf den inneren Pfad zu initiieren und ihnen *Naam* oder das *Wort* zu gewähren.

Es kann viele *Sadhs*, Heilige oder auch *Sants* geben, aber nur sehr selten beauftragt Gott jemanden, als vollendeter Meister anderen Seelen die innere Verbindung mit dem *Wort* zu geben. Alle vollendeten Meister sind Heilige, aber nicht alle Heilige sind vollendete Meister. Es gibt zahlreiche Graduierte, die einen Universitätsabschluß vorweisen können, aber nur wenige erlangen die Lehrbefugnis. So sind nur diejenigen Heiligen zugleich vollendete Meister, die von Gott dazu beauftragt wurden.

Die vollendeten Meister oder Heilige sind Diener des höchsten Herrn. Kein Heiliger wird als vollendeter Mensch geboren. Sie alle kommen zwar mit einem reichen spirituellen Erfahrungsschatz aus früheren Lebensläufen in die Welt, müssen jedoch in diesem Leben noch einmal die Initiation erhalten und die höchsten spirituellen Regionen durchlaufen, um die Vollendung zu erreichen und danach in Gottes Auftrag andere Sucher auf denselben Pfad zu leiten. Solche Heilige bleiben stets mit dem Herrn verbunden. Wann immer sie in die Welt kommen, lösen sie eine Welle der Spiritualität aus. Andere Lehrer oder *Sadhgurus* führen die Menschen durch ihre Lehre zu einem vollendeten Meister. Wenn ein solcher von Gott beauftragter Meister die sterbliche Hülle verläßt, verbleiben genügend *Sadhgurus* in der Welt, um das theoretische Wissen vom spirituellen Pfad lebendig zu halten, ohne jedoch praktische Führung darin geben zu können. Es dauert meist nur wenige Generationen, bis dieses Wissen zunehmend verkommt und in einer organisierten Form von Religion versteinert. Gleichzeitig jedoch tritt an einem anderen Ort ein neuer Heiliger auf, ohne sich jener neuen organisierten Religion anzuschließen.

Jeder Heilige hat eine Vergangenheit und hat das höchste Ziel der Vollendung erst in diesem Leben verwirklicht. Nachdem er die Vollendung erreicht hat, wird er von Gott beauftragt, als vollendeter Meister mit Gottes Vollmacht andere Sucher nach innen zu führen. Kabir erklärt:

> Oh Kabir, wir sind mit dem Geheimnis vertraut, wir kommen unserem Auftrag gemäß hierher.

Bhai Gurdas sagt:

> Baba (Nanak Dev) wurde mit einer besonderen Gabe geboren. Danach übte er sich hingebungsvoll darin. (Var 1 Pauris 24)

Sie sind mit dem göttlichen Geheimnis wohl vertraut und wirken nach dem göttlichen Willen. Der *Gurbani* verkündet:

> Oh Lalo, seid dessen gewiß, was immer Er wünscht, das sage ich euch. (M. 1 Tilang 722-15)

Guru Nanak erklärte:

> Oh Nanak, der Diener spricht aus, was sein Meister wünscht.

Obwohl der vollendete Meister während seiner Lebenszeit die Vollendung erlangt und danach von Gott beauftragt wird, ist beides jedoch vorherbestimmt, da "jeder Heilige eine Vergangenheit hat", die seinen gegenwärtigen Lebensweg bestimmt. Es gibt keinen Unterschied im spirituellen Wirken und der göttlichen Machtbefugnis verschiedener vollendeter Meister. Die Meister aller Zeiten und Religionen besaßen alle Vollmacht von Gott und machten nach eigenem Ermessen Gebrauch davon.

Wer außer solchen vollendeten Meistern als *Guru* wirkt, indem er vorgibt, die Initiation auf dem inneren Pfad zu gewähren, ist ein Hochstapler. Viele dieser selbsternannten *Gurus* sind egoistisch und voller Stolz und stehen im Dienste der Täuschung, der materialistischen Instinkte und äußeren Rituale. Sie mißbrauchen ihr Wissen, um spirituelle Sucher auszubeuten. Engstirnigkeit, religiöse Vorurteile und Zersplitterung sind die Folge ihrer Lehren. *Gurus* dieser Art sind gefährlich, da sie die Sucher dazu verleiten, der negativen Macht zu dienen.

V.

Gibt es nur einen *Guru* oder viele?

Das *Wort* ist die das ganze Universum kontrollierende Kraft. Wenn dieses *Wort* durch einen Menschen wirkt, nennen wir ihn einen vollendeten Meister oder Heiligen. Solche Heilige kommen, um Einheit herzustellen - die Einheit der Seele mit Gott. Dieses fleischgewordene *Wort* ist somit der *Guru* für das ganze Universum. Aus besonderen Gründen kann das im Heiligen manifestierte *Wort* durch mehr als eine Person zu gleicher Zeit wirken, so daß es dann gleichzeitig mehr als einen Meister auf der Welt gibt. Beispielsweise waren die großen Heiligen Kabir und Guru Nanak Zeitgenossen: So ist historisch belegt, daß Kabir Sahib an einem Vollmondtag im Jahr 1398 n.Chr. in einem Ort nahe bei Benares geboren wurde und im Jahr 1518 n.Chr. starb. Guru Nanak wurde 1469 n.Chr. in Talwandi im Panjab geboren, und er starb 1539 n.Chr. in Kartarpur. Diese beiden Menschheitslehrer waren also von 1469 bis 1518 Zeitgenossen. Beide lehrten viele Jahre lang gleichzeitig den spirituellen Pfad des Klangstroms. Genauso waren die großen Mystiker Shamas-i-Tabriz und Maulana Rumi zwischen 1207 n.Chr. und 1247 n.Chr. gleichzeitig bekannte spirituelle Lehrer in Persien. Guru Angad und Dadu Sahib erfüllten den göttlichen Auftrag ebenfalls einige Jahre lang gleichzeitig, nämlich von 1504 n.Chr. bis 1552 n.Chr. Guru Arjun und Dharam Das schließlich wirkten gleichzeitig von 1561 n.Chr. bis 1606 n.Chr. Daraus geht offensichtlich hervor, daß es zur selben Zeit mehr als einen vollendeten Meister geben kann.

Für denjenigen, der ein Schüler oder *Gurmukh* (vollkommener Schüler) werden möchte, kann es jedoch nur einen *Guru* geben, so wie eine keusche Frau nur einen Ehegatten hat und an ihn allein denkt. Ein Schüler, der mehr als einem Meister ergeben ist, wird ständig schwanken und sein Ziel der Vollkommenheit unmöglich erreichen –so wie einer, der in zwei Booten zugleich zu reisen versucht, niemals ans Ziel kommt. Wurde ein Schüler jedoch von einem vollendeten Meister initiiert und wird er nach dessen Tod von seinem Nachfolger, dem nächsten vollendeten Meister, weitergeführt, dann bringt ihn die Hingabe an den zweiten Meister zur Hingabe gegenüber seinem eigenen, denn es besteht kein Unterschied zwischen beiden.

Ein Schüler sollte nur einen Meister haben. Der Schüler sollte die Gebote des Meisters, der ihn initiierte, auch dann weiter befolgen, wenn der Meister die Welt verlassen hat, denn nur so kann er Erfolg haben. Wenn ein Meister einen Schüler initiiert, steht er ihm von da an bei, wohnt in seinem Herzen und ist das Vorbild, das er vor Augen hat. Aufgrund einer Tatsache wird der Schüler auf dem Pfad Erfolg haben: Er wird innere Erfahrungen von dem Licht und Klang Gottes haben, und es wird ihm an nichts fehlen.

Ein Meister stirbt niemals. Das *Wort,* das durch ihn wirkt, ist unauslöschlich. Was stirbt, ist lediglich der physische Körper, während das ewige göttliche *Wort* sich in einem anderen physischen Körper manifestiert; aus diesem Grund kann ein Schüler in der Gemeinschaft des nächsten vollendeten Meisters leben und ihm dienen und dabei die innere Verbindung mit dem Meister, der ihn initiierte, weiter entfalten, denn im Geist sind beide eins.

VI.

Der lebende Meister

Der lebende Meister ist der spirituelle Lehrer, der zu Lebzeiten des Schülers in der Welt lebt und wirkt. Ein lebender Meister steht mit dem Schüler durch die göttlichen Offenbarungen in lebendiger Verbindung. Kabir sagte:

> Selbst wenn der Schüler an einem Ende der Welt lebt und der Meister am anderen, sind sie, so der Schüler empfänglich genug ist, dennoch unaufhörlich miteinander verbunden.

Ein *Guru* oder Lehrer der Vergangenheit, der nicht länger in der Welt lebt, kann diesen Zweck nicht erfüllen. Er kann die Suche nur noch durch sein Vermächtnis leiten, das er in Form von schriftlichen und mündlichen Zeugnissen bei seinem Tod hinterläßt. Wenn wir die Geschichte der früheren Meister und ihre inspirierenden Gedichte und Aussprüche lesen, können wir begreifen, wie notwendig ein lebender Meister ist, und bis zu einem gewissen Grad ahnen, worin sein Werk besteht. Den eigentlichen Segen der Spiritualität können wir jedoch nur von einem Meister erlangen, der zu unserer eigenen Zeit lebt. Der spirituelle Lehrer, der einen Menschen initiiert, ist sein Meister. Selbst wenn es mehr als einen Meister gleichzeitig gäbe, sollte ein Schüler nur einen Meister zu seiner Führung haben. Die lebenden Meister erfüllen ihre jeweiligen Schüler mit ihrem eigenen höheren Bewußtsein. Ohne diese lebendige Beziehung und Führung kann niemand auf dem spirituellen Pfad fortschreiten und die Befreiung der Seele erreichen. Die Notwendigkeit eines lebenden Meisters wird von allen heiligen Schriften betont. Maulana Rumi bezeugt die Wichtigkeit eines solchen lebenden Meisters mit den folgenden Worten:

> Wende dich nicht von dem Propheten deiner eigenen Zeit ab; baue nicht auf dich selbst und deine eigenen Anstrengungen.

Jeder Prophet Gottes unterstreicht, wie wichtig es ist, den Meister der eigenen Zeit zu suchen. Wer keine Initiation vom lebenden Meister empfangen hat, dem wird es immer an wahrer Spiritualität mangeln. Maulana Rumi erklärte:

> Glaube an den Gott des Moses und den Meister. Erlaube deinem Stolz nicht, deinen Glauben zu untergraben.

Wahre Hingabe an Gott wächst mit der Hingabe an den lebenden Meister. Wie können wir Gott lieben, solange wir Ihn nicht gesehen haben? Ohne Liebe und Hingabe können wir die Region der Wahrheit nicht erreichen. Auch der *Adi Granth* spricht von der Bedeutung des lebenden Meisters. Viele glauben, daß die Bedeutung lebenden Meisters, wie sie der *Adi Granth* bezeugt, nur für die Zeit der zehn Sikh-*Gurus* Gültigkeit besessen habe, aber dies ist ein Irrtum. Im *Gurbani* heißt es:

> Große Heilige verkünden die ewige Wahrheit der ganzen Welt und für alle Zeiten.

Der gestaltlose Gott ist allgegenwärtig, aber solange wir nicht unmittelbar mit Ihm verbunden sind, können wir von Ihm keinen Segen empfangen. Obwohl die Elektrizität überall gegenwärtig ist, können wir so lange kein Licht und auch keinen anderen Nutzen aus ihr ziehen, wie wir den Schalter nicht finden. Selbst wenn wir ihn finden, nützt es uns nichts, solange keine Glühbirne vorhanden ist, die sachkundig an das Stromnetz und damit an den Schalter angeschlossen ist. Erst wenn die Verbindung mit dem Stromnetz hergestellt ist und wir den Schalter anknipsen, wirkt die Elektrizität zu unserem Nutzen.

Wenn wir durch die göttlichen Offenbarungen mit dem Herrn verbunden sind, werden unsere Taten Frucht tragen. Der vollendete Meister ist der Herr selbst in menschlicher Gestalt. Er ist das personifizierte *Wort,* so wie das Johannes-Evangelium sagt:

> Das *Wort* ist Fleisch geworden und hat unter uns gewohnt.

Wie können wir, solange wir nicht einmal mit der menschlichen Person des lebenden Meisters vertraut sind, seine feinstoffliche Gestalt erkennen, die der *Logos* selbst ist? Der *Logos* oder das *Wort* allein kann unser Bewußtsein emporziehen und zu Gott zurückbringen, und dieses *Wort* wiederum können wir nur durch einen lebenden Meister empfangen. Niemand außer dem lebenden Meister kann die Geheimnisse der verborgenen Wirklichkeit enthüllen, und ohne ihn kann niemand aus der Knechtschaft von Gemüt und Täuschung befreit werden. Nur der lebende Meister kann das *Wort* offenbaren. Ohne seine Führung kann niemand mit dem *Wort* im Innern in Verbindung kommen. Hierin liegt das einzige Ziel ihrer Manifestation in dieser Welt.

Der vollendete Meister hat Einblick in das Karma, das der Schüler aus früheren Lebensläufen mit sich trägt, und er erkennt sofort, wer für diesen Pfad bereit ist. Wenn es das Karma aus der Vergangenheit erlaubt, empfängt der Schüler zum vorherbestimmten Zeitpunkt die Initiation. In seiner Barmherzigkeit führt er solche Menschen äußerlich oder innerlich zu sich, damit sie die Initiation erhalten und den spirituellen Pfad gehen können. Im *Gurbani* heißt es daher:

> Aufgrund seines Karmas aus der Vergangenheit kommt der Schüler zum Meister und empfängt mit seiner Gnade göttliche Offenbarungen.

Wenn unsere Seele in ihrer Suche nach dem Herrn müde wird und sich danach sehnt heimzukehren, begegnet uns der vollendete lebende Meister, um uns die Initiation zu geben und unsere große Sehnsucht zu stillen. Um die Sucher aus der Gefangenschaft zu befreien, kommt der Herr Selbst als Erlöser. Er führt sie auf der inneren Reise, bis sie eins mit Gott werden.

Der verborgene Sinn der Spiritualität und das Ziel der Führung auf dem praktischen Pfad enthüllen sich der Seele, wenn sie mit dem Herrn vereint wird. Diese Lehre empfängt sie von einem lebenden Meister. In der Meditation führt er den Schüler im Innern durch eine ungesprochene Sprache. Diese Lehre kann nicht durch Worte vermittelt werden. Religiöse Bücher berichten von Erfahrungen anderer Menschen auf dem spirituellen Pfad. Aber all das, was die Seele mit der Hilfe des lebenden Meisters auf der inneren Reise sieht und erfährt, läßt sich nicht angemessen beschreiben. Bücher sind schließlich unbelebte Materie und können somit der Seele auf ihrer inneren Reise von keiner Hilfe sein. Natürlich enthalten die Schriften der Heiligen Hinweise auf innere Erfahrungen, aber die Seligkeit, die solche Erfahrungen mit sich bringt, kann man unmöglich selbst erleben, indem man nur davon liest. Die heiligen Schriften beschreiben diese Dinge bis zu einem gewissen Grade, aber erfahren kann man sie nur durch einen lebenden Meister. Deshalb wird so viel Nachdruck auf die Bedeutung eines lebenden Meisters gelegt.

Der Prophet Mohammed erklärt:

> Wer sich nicht in aller Aufrichtigkeit dem *Imam* seiner Zeit (dem lebenden Meister) zugewandt hat, dem Statthalter Allahs, dem vollendeten Führer, kann nichts empfangen.

VII.

Heilige der Vergangenheit

So wie ein kranker Patient von heute die Arznei zu seiner Heilung nicht von Dhanwantri (dem Vater der Heilkunde) erhalten kann oder ein anderer einen Rechtsspruch von König Salomo erwarten darf, kann eine Frau ebensowenig einen Verstorbenen heiraten und Kinder mit ihm haben. Entsprechend sind die vollendeten Meister für die Menschen ihrer jeweiligen Zeit da, geben denen die Initiation, die zu ihnen kommen und sich ihnen anvertrauen, und führen sie dann weiter auf ihrer spirituellen Reise. Wenn immer ihre Lebenszeit zu Ende ging, verließen sie die Welt und verschmolzen mit dem Herrn. Zuvor jedoch legten sie ihr Werk in die Hände ihres jeweiligen Nachfolgers. Nur ein Mensch kann andere Menschen angemessen leiten, und deshalb wirkt der Herr in dieser Welt durch einen lebenden Meister.

Heilige, die in der Vergangenheit auftraten und ihre spirituellen Segnungen denen schenkten, die zu ihnen kamen, können nichts mehr für spätere Generationen tun. Jeder Meister hat seinen eigenen Auftrag für eine bestimmte Zeitspanne, und wenn er diesen erfüllt hat, vertraut er seine spirituelle Arbeit seinem Nachfolger an. Der Mensch kann nur von einem Menschen lernen, und so verwirklicht Gott Seinen Willen durch die lebenden Heiligen. Bei Amos 3,7 heißt es daher:

> Gott der Herr tut nichts, ohne Seinen Plan Seinen Knechten, den Propheten, zu offenbaren.

Manche glauben, frühere Meister lebten in spirituellen Regionen fort und könnten bis auf den heutigen Tag denen, die darum bitten, ihren spirituellen Segen übermitteln, aber dies ist, wie wir in der folgenden Erörterung sehen werden, ein Irrtum.

- Jeder Heilige erfüllt seinen Auftrag während seines Lebens und kommt mit einer klar umrissenen Mission in diese Welt. Wenn er seine Arbeit vollendet hat, verläßt er diese Welt und verschmilzt für immer mit Gott . Die Aufgabe, nach ihm spirituelle Führung zu geben, überträgt er seinem Nachfolger.

- Selbst wenn der Vorgänger weiterhin seine Schüler segnet, tut er dies wiederum in Übereinstimmung mit dem Naturgesetz durch den lebenden Nachfolger, dem er sein Werk vor seinem eigenen Tod übergeben hat, und dieser hilft den Schülern und führt sie im Namen des früheren Meisters.

- Nach dem Hinscheiden des Meisters, der uns initiiert hat, können wir mit ihm nur noch in Verbindung treten, wenn wir in der Lage sind, unser Bewußtsein willentlich nach innen zurückzuziehen, oder aber in der Todesstunde. Seine strahlende, leuchtende Gestalt kommt niemals in die materielle Welt herab. Er wartet immer an der Schwelle zu den spirituellen Regionen auf die menschliche Seele.

- Darüber hinaus neigen wir in der Hoffnung und dem Glauben, die Heiligen und Weisen aus längst vergangener Zeit könnten uns auch heute noch helfen, allzu leicht dazu, unserem bewußten und unterbewußten Gemüt sowie unserem rationalen Denken zuviel Bedeutung beizumessen.

Wir können die Herkunft solcher Gedanken jedoch nicht richtig einordnen und beurteilen, solange uns der Blick nach innen verschlossen ist, der allein den Schleier von Gemüt und Materie durchdringen und klar beurteilen kann, welcher Natur die verschwommenen inneren Antriebe sind, die an die Oberfläche unseres Bewußtseins gelangen.

• Wir können unmöglich das Wirken eines Propheten verstehen, dem wir nie begegnet sind und den wir nie mit eigenen Augen gesehen haben. Auch besitzen wir kein Erkenntnismittel, das uns Aufschluß über sein Werk geben könnte. Unter diesen Umständen lassen wir uns unter dem Einfluß unseres Gemüts leicht von der negativen Kraft irreführen.

• Nehmen wir hypothetisch an, daß die Weisen der Vergangenheit uns heute noch auf dem spirituellen Pfad führen könnten und wir daher der spirituellen Anleitung durch einen gegenwärtigen Meister nicht bedürften. Dann würde damit auch der Grundsatz hinfällig, wonach der Mensch zu irgendeiner Zeit in der Vergangenheit oder der Gegenwart einen spirituellen Lehrer benötigte, denn in diesem Fall könnte Gott den Menschen leicht ohne einen Propheten oder Messias direkt führen, oder zumindest hätte Gott es dabei bewenden lassen können, sein ewig gültiges Gesetz ein einziges Mal zu Beginn der Schöpfung durch einen Messias zu verkünden.

• Die bloße Tatsache, daß Heilige zu unterschiedlichen Zeiten auftraten und die Menschen zu Gott führten, ist in sich schon ein schlüssiger Beweis für die Notwendigkeit eines solchen *lebenden* Meisters, da man offenbar ohne ihn nichts von Gott wissen und nicht den spirituellen Pfad gehen kann.

• Gott selbst kann den Menschen nur lehren, indem Er zum Menschen wird, denn allein der Mensch kann den Menschen lehren. Er muß das Gewand des Menschen anlegen, gleich, ob wir einen solchen Menschen dann als Heiligen, Propheten, Messias oder Boten Gottes bezeichnen.

• Dies bedeutet keinesfalls, daß Meister der Vergangenheit ein für allemal tot und verschwunden wären. Ganz im Gegenteil haben sie die Unsterblichkeit erlangt. Sie sind eins mit Gott. Müßten sie mit all ihrer Hingabe und ihrer hohen spirituellen Entfaltung immer noch unter der Sonne wandeln, dann wären all ihre Mühen vergeblich gewesen.

• Ein lebender Meister kann die ewige Glückseligkeit in all ihrer Fülle schenken. Eine einzige Berührung mit der dynamischen Kraft des höheren Bewußtseins in ihm genügt, um einen Menschen mit dem Impuls der Spiritualität aufzuladen. Diese Seele wird emporgezogen, um auf ihrer inneren Reise die höheren Bewußtseinsebenen zu durchqueren. Wahrhaft gesegnet ist eine Seele, die einem solchen Meister begegnet und sich in seine Obhut gibt.

Es ist Sache der allgemeinen Erfahrung, daß man vor einer Reise in ein fremdes Land zunächst Reiseführer studiert, sich über die verschiedenen Transportmittel sowie über die Sehenswürdigkeiten auf dem Weg informiert und schließlich in Erfahrung bringt, welche Unterkunft einen nach der Ankunft am Reiseziel erwartet. Danach muß der Reisende sich von der zuständigen Behörde seines Landes einen Reisepaß ausstellen lassen, ohne den er sein Land nicht verlassen kann, und schließlich eine Einreisegenehmigung des anderen Landes beantragen, um dort aufgenommen zu werden.

Ganz ähnlich braucht jemand, der sich über die physische Ebene erheben und in die inneren Bewußtseinsbereiche "reisen" möchte, gleichsam einen Paß und eine Einreisegenehmigung von einer dazu ermächtigten Autorität (einem Heiligen), der über all diese Ebenen gebietet. Er bekommt sie von ihm bei der Initiation. Ist die Saat von *Naam* erst einmal in die Seele gelegt, muß sie Frucht tragen, und diese Seele wird mit Sicherheit eines Tages das Reich Gottes betreten. Keine Macht in dieser oder der anderen Welt kann sich ihrer Heimkehr noch in den Weg stellen.

• Der Meister führt uns auf dem spirituellen Pfad zu Gott. Wie ein erfahrener Seemann plant er die gesamte Route für den Passagier, weiß er doch um die Vergangenheit, die Gegenwart und die Zukunft und wacht entsprechend über das Gemüt des Ergebenen, um seine Hingabe zu verstärken und zu festigen, so daß sie auch in Bedrängnis nicht schwankt. Dies alles kann er nur so lange für den Schüler tun, wie er gleichzeitig mit ihm in der Welt lebt.

Der Meister trifft außerdem alle Vorbereitungen für die innere Reise seiner Schüler. Er selbst sorgt für das Boot und garantiert für die Sicherheit des Schülers auf seiner Reise. Der Meister gewährt ihm diesen Schutz, indem er ihn vor allen unvorhergesehenen Gefahren warnt und den Schüler auf seiner inneren Reise ständig begleitet. Er weiß alles und kann alles für den Schüler tun, damit dieser sein Ziel erreicht. Der Schüler kann festes Vertrauen und unerschütterlichen Glauben gegenüber seinem Reisegefährten entfalten, wenn er sieht, daß dieser stets in inniger Verbindung mit ihm bleibt.

Damit ist die Arbeit des Meisters noch nicht beendet. Der Meister ist Herr des Himmels und der Erde. Er erhebt sich nach Belieben in die verschiedenen spirituellen Regionen. *Sach Khand* oder *Muqam-i-Haq* ist seine ständige Heimat, von der er zur irdischen Ebene herabkommt, um seine Aufgaben als bewußter Mitarbeiter in Gottes Plan zu erfüllen. Da er die innere Reise aus eigener Anschauung und Erfahrung kennt, täglich diesen Weg selbst zurücklegt und Herr über die höchste Ebene ist, spornt er die weltmüden Schüler an, es ihm gleichzutun.

Nicht nur gewährt er uns das unmittelbare Wissen vom Reich Gottes, plant unsere Reiseroute und bucht unsere Heimfahrt, sondern er bietet sich auch an, uns auf unserer Reise zu begleiten und zu führen. Er ist unser Lotse und ruht und rastet nicht, bis er uns sicher zur höchsten Wohnstätte des Herrn gebracht hat.

● So können wir aufgrund unserer eigenen persönlichen Erfahrung das, was er über die innere Reise erklärt, überprüfen und bestätigen und uns somit voller Zuversicht und Vertrauen auf sein Wissen und sein Können stützen. Was der eine Mensch vollbracht hat, das kann auch einem anderen gelingen. Dieser Gedanke wird uns mit Zuversicht und Entschlossenheit erfüllen.

● Die heiligen Schriften sind nichts anderes als Zeugnisse von der persönlichen Erfahrung jener Weisen und Seher, die in früheren Zeiten diesen Pfad gingen. Ein lebender Meister bezieht sich in seinen Vorträgen und Gesprächen auf diese Zeugnisse, weil wir unwillkürlich dogmatisch an sie glauben und der Meister bestrebt ist, auf dem Wege des geringsten Widerstandes zu überzeugen. Das Studium der Schriften kann den trockenen Boden bereiten, aber nicht dabei helfen, die Seele über Gemüt und Körper zu erheben und in die spirituellen Regionen zu führen. Dies kann nur der starke und lange Arm des lebenden Meisters vollbringen. Nur der lebende Meister kann die Herkulesarbeit leisten, die Seele von den Hüllen täuschender Eindrücke zu befreien, sie über alle Begrenzungen und Vorstellungen hinauszuführen und sie im verlorengeglaubten Himmelreich in ständiger Verbindung mit Gott zu bewahren. Guru Nanak sagte:

> Es ist das fundamentale Gesetz Gottes, daß keiner auch nur an Ihn denken kann, wenn er nicht durch eine Meisterseele an Ihn erinnert wird.

Diese Aufgabe, die Seele immer wieder an Gott zu erinnern, können die Meister der Vergangenheit nicht erfüllen.

● Mit dem Verstand allein kann man Gott nicht erfassen, wie scharf er auch sein mag. Intellektuelles Verstehen ist naturgemäß in seiner Reichweite begrenzt und daher unfähig, das Grenzenlose zu ermessen. Nur das höhere Bewußtsein des lebenden Meisters kann den Schüler zum großen Bewußtsein Gottes führen. Der Meister dient als Bindeglied zwischen beiden. Deshalb erklärt Guru Nanak weiter:

> Könnte man aus eigener Kraft zu Gott gelangen, wozu dann all der Trennungsschmerz? Begegne Ihm durch einen Meister und erfahre die Seligkeit, oh Nanak!

Der heilige Kabir bestätigt:

> Eine Suche, die die falsche Richtung einschlägt, kann nicht zum Erfolg führen. Oh Kabir, nimm einen Führer mit und

finde das große Juwel!
Ein erfahrener Führer wird dir helfen, das Ziel rasch zu erreichen, wie fern es dir auch scheint.

• Wir empfinden die Notwendigkeit eines Lehrers bei jedem Schritt. Was wirklich zählt ist die praktische Demonstration, das Experiment im Labor, die tatsächliche Operation im Operationssaal und schließlich die ständige Anleitung durch einen erfahrenen Vertreter des Berufsstandes.

• Wenn schon alle Wissenschaften im physischen Bereich, d.h. im Bereich des *Apara Vidya* (der materiellen Wissenschaften), die wir mit dem Verstand und den Sinnen erlernen müssen, die Hilfe eines Lehrers erfordern, wieviel nötiger ist eine solche Hilfe wohl in der spirituellen Wissenschaft (*Para Vidya* - der Wissenschaft des Jenseits), die einen inneren Prozeß darstellt und die Begrenzung des Verstandes und des Gemüts weit übersteigt!

• Durch die Zeitalter hindurch blieb uns dieses Wissen verborgen und die Seele in tiefste Dunkelheit gehüllt, aus der sich kein Ausweg erkennen läßt. Es ist eine Tatsache, daß jemand, der die Notwendigkeit eines Meisters der Wahrheit leugnet und verspottet und zugleich versucht, der Wahrheit aus eigener Kraft näherzukommen, in Wirklichkeit gar kein Verlangen nach ihr hat. Er ist einem Mann vergleichbar, der lieber selbst einen Brunnen gräbt, als seinen Durst mit dem kühlen, frischen Wasser aus einer nahegelegenen Quelle zu löschen, an der ihn ein Wasserträger bereitwillig bedienen würde. Nur der lebende Meister, der selbst den Pfad gegangen ist, kann uns führen.

Bhai Nandlal erklärt:

> Nur ein Liebhaber von Rubinen kann den Wert eines Rubins richtig einschätzen. Nur das Auge des Juweliers kann ihn mit einem Blick schätzen.

• Ein lebender Meister ist unerläßlich, und von dieser Regel gibt es keine Ausnahme. Nehmen wir an, jemand möchte als Freizeitspaß einen kleinen Flug unternehmen, dann ist es natürlich nicht ratsam für ihn, einfach allein in ein Flugzeug zu steigen. Sollte er es dennoch eigensinnig besteigen, wird er das Cockpit verschlossen finden. Sollte er selbst dieses Hindernis überwinden, hat er immer noch keine Ahnung, wie er die einzelnen Knöpfe, Hebel und Griffe bedienen soll. Macht er sich trotz allem daran zu schaffen und bringt es fertig, den Motor anzuwerfen, kann er damit das Flugzeug aus mangelnder Schulung noch lange nicht in die Luft bringen, geschweige denn es angemessen steuern oder landen. Das Ergebnis wäre früher oder später ein Absturz und der sichere Tod.

Der Mechanismus des menschlichen Körpers ist unendlich viel komplizierter und anfälliger als der einer Maschine, ganz zu schweigen vom menschlichen Geiste! Daher wird ein erfahrener spiritueller Führer erst recht gebraucht, wenn es darum geht, die praktische Arbeit der Selbstanalyse zu meistern, sich mit Gott zu verbinden und das Wirken seines Willens zu erfassen. Die im Körper gefangene Seele kann sich nicht aus eigener Kraft von ihm lösen. Obgleich sie ihren Sitz am Augenbrennpunkt hat, durchdringt sie doch den ganzen Körper, so daß beide unauflöslich miteinander vereint sind.

Sollte sie sich aber doch irgendwie für einen Augenblick aus den Fesseln der Sinne befreien können und sich an ihrem Zentrum gesammelt finden, kann sie dennoch nicht ins Reich Gottes einkehren und in Verbindung mit dem *Wort* gelangen. Sollte sie trotz allem einen Weg dorthinein finden, weiß sie nicht, wohin sie sich wenden soll, wie sie weiterkommen und wieder zurückkehren kann.

• Wäre jedoch der Meister dort, um die Seele mitzunehmen, würden beide zusammen in diesen Bereich eintreten und sich wiederholt voller Freude in die spirituellen Bereiche erheben, dann könnte die Seele lernen, wie sie diese praktische spirituelle Erfahrung wiederholt machen kann. Jemand, der die Beschaffenheit des menschlichen Körpers wie auch seines Geistes sehr gut kennt, der mit dem Jenseits vertraut ist und um die physischen, mentalen und kausalen Schleier im Bewußtsein weiß; jemand, der gewohnt ist, sich in die himmlischen Regionen zu erheben, ein solcher Mensch kann den Geist in das Mysterium des spirituellen Wissens initiieren und ihm durch praktische Anschauung den Weg dorthin zeigen. Durch seine tatsächliche Hilfe und Führung geleitet der Meister ihn sicher von Ebene zu Ebene und erklärt ihm auf dem Weg die Warnzeichen und Tücken, die engen Windungen und die Gefahren des unbekannten und unbetretenen Pfades. Wahrlich gesegnet ist die Seele, die einem solchen erfahrenen Lehrer in der Wissenschaft der Spiritualität begegnet. Deshalb ist ein lebender Meister ein großer Segen.

Eine Seele, die sein Angebot ausschlüge und die Reise zu Gott allein und ohne die Hilfe eines Meisters unternähme, hätte eine unglückselige Entscheidung getroffen und könnte nicht anders als zu Fall kommen. Maulana Rumi sagt:

> Finde einen Meister, denn ohne seine tatkräftige Hilfe und Führung lauern auf den, der diese Reise unternimmt, ungeahnte Ängste, Tücken und Gefahren.

• Kurz gesagt ist *Naam* oder das *Wort* ein ungeschriebenes Gesetz in einer ungesprochenen Sprache, weshalb man es nicht aus Schriften oder heiligen Büchern aufnehmen kann. Diesen Schatz kann man nur von einem Ergebenen des *Wortes* erlangen, denn er ist das personifizierte *Wort.* Er allein ist ermächtigt, es der Seele zu offenbaren, und niemand anders ist dazu in der Lage.

> Es ist ein grundlegendes Gesetz Gottes, daß niemand außer dem vollendeten Meister *Naam* manifestieren kann. Der *Shabd* einer Meisterseele ist nur mit seiner Gnade zu hören, und niemand anders kann ihn offenbaren.

Ein Meister der Wahrheit kennt alle Mysterien der Spiritualität bis in die letzte Einzelheit, weshalb seine Worte Gewicht haben, eine besondere Aufladung besitzen, tief ins Herz sinken und Wirkung zeigen.

> Hört auf das wahre und unfehlbare Zeugnis der Heiligen, denn sie sprechen von dem, was sie aus unmittelbarer eigener Erfahrung wissen.

Im *Gurbani* heißt es:

> Ohne einen Meister hat noch niemand die Wahrheit gefunden, weder in der Vergangenheit noch in der Gegenwart. Das Kronjuwel von *Naam* ist dem Meister in die Hand gegeben, und er besitzt die Vollmacht, es anderen Seelen zu offenbaren.
>
> Hört alle aufmerksam zu und begreift, daß es keinen anderen so großen Menschenfreund gibt wie einen Meister, denn er gewährt die Gabe des kostbaren *Naam.* Wer auch immer bereit ist, sein Leben zu verlieren (sich über das physische Leben der Sinne zu erheben), wird die Wahrheit finden, indem er einer Meisterseele begegnet.

• Alle Heiligen erklären übereinstimmend, daß man ohne einen Gottmenschen nicht zu Gott gelangen und keine göttlichen Offenbarungen empfangen kann.

> Es ist ein Grundprinzip Gottes, daß man ohne die Gnade eines *Satguru* nicht einmal an Ihn denken kann. Nanak hat von Gott gelernt, daß man ohne die wirksame Hilfe eines Meisters keine Erlösung erlangen kann.

• Der Meister ist mit einem erfahrenen Augenarzt zu vergleichen. Wir sind alle vollkommen blind. Gott ist in uns, aber ohne das innere Augenlicht tappen wir im Äußeren umher, um Gott zu finden. Die Verbindung mit einem Meister gibt uns die verlorene innere Schau zurück, und wir beginnen, Gott im Laboratorium des menschlichen

Körpers zu erfahren und zu erkennen.

> Die ganze Menschheit ist blind und ist blindlings in die Taten der Dunkelheit verstrickt, ohne einen Ausweg zu finden.
>
> Oh Nanak, wenn eine Seele dem Meister der Wahrheit begegnet, fängt sie an, mit ihren eigenen inneren Augen zu sehen, und sie erkennt die Wahrheit im Geiste.

Wir sind in der Tat völlig blind, denn ungeachtet der physischen Augen sehen wir nicht. Die eigentliche Blindheit entsteht nicht durch den Verlust des Augenlichtes, sondern aus der Ferne von Gott. Nanak erklärt:

> Nenne nicht die blind, die keine Augen haben, Nanak, denn in Wahrheit sind die blind, die das Licht Gottes nicht sehen.

Guru Arjan Dev sagt uns, daß auch ein Mensch mit gesunden Augen dennoch blind ist, wenn er Gott nicht sehen kann, Der die Seele seiner Seele ist. Auf diese Weise begeht er Sünden:

> Ein Mensch im Vollbesitz seiner Sinne kann dennoch blind sein, wenn er einmal darüber nachdenkt, daß Gott, die Seele seiner Seele, weit von ihm entfernt ist, weshalb er sich nicht scheut, Übles zu tun.

• Mit den physischen Augen erfahren wir die physische Welt um uns herum. Das *Shiv Netra* oder dritte Auge in jedem von uns ist geschlossen. Wenn sich dieses Auge öffnet, erblicken wir die Wunder der feinstofflichen und kausalen Welten und selbst die der rein spirituellen Welt jenseits davon.

> Blind ist jemand, der Taten der Blindheit begeht, weil sein inneres Auge geschlossen ist.

Wir alle befassen uns fortwährend mit der Materie und wissen nicht, ob es darüber hinaus etwas anderes gibt.

> Stets in Gemüt und Materie vertieft, denkt er nicht einmal an Gott. Auf dem besten Weg zum Hades, lebt er in ständigem Unglück.
> Blind und taub, sieht er nicht darüber hinaus.
> Er ist der Gefangene des Gemüts und tief in Sünden verstrickt.

Es ist keinem Menschen möglich, aus eigener Kraft in die höheren Regionen zu gelangen. Der Sucher hat keine andere Wahl, als einen erfahrenen Lehrer mitzunehmen, der selbst sich täglich auf die himmlische Reise begibt. Maulana Rumi erklärt:

> Wer auf Pilgerreise gehen will, sollte sich dazu einem erfahrenen Pilger anschließen – gleichgültig ob dieser ein Hindu, ein Türke oder Araber ist.

Naam oder *Shabd* ist der Balsam, der das Auge himmlische Visionen erblicken läßt. Ohne ihn anzuwenden, bleibt man für immer blind, und die menschliche Geburt ist umsonst.

Das innere Auge ist tausendmal nützlicher als die äußeren, denn ohne dieses Auge kann man nichts außerhalb der physischen Ebene sehen. Bereits viele Zeitalter hindurch, seit dem Beginn der Schöpfung, tappt der Mensch blind herum. Der Meister der Wahrheit schenkt dem Menschen das innere Augenlicht wieder, indem er das dritte Auge entsiegelt. Und dabei nehmen wir uns nicht einmal die Zeit, uns die Hilflosigkeit, in der wir uns befinden, bewußt zu machen. So überwältigend ist in der Tat der Einfluß des Gemüts. Nur der lebende Meister kann uns aus den Fängen des Gemüts befreien. Tulsi Sahib sagt uns:

> Ohne die Hilfe eines *Murshid-i-Kamil* (vollendeten Meisters) kann man weder die Erlösung noch den Weg dorthin sehen.

Ähnlich heißt es im *Gurbani:*

> Hege nicht den geringsten Zweifel daran im Herzen, denn noch niemand hat das stürmische und launische Meer des Lebens ohne die Begleitung eines *Gurus* überquert.

So stimmen alle Heiligen darin überein, daß niemand ohne einen Meister dem Herrn begegnen kann. Der Herr selbst hat dies zum unwiderruflichen Gesetz gemacht. Dieser Gedanke findet im *Gurbani* (3, 556) Ausdruck:

> Der Herr selbst hat dies vor aller Zeit gefügt: Niemand kann Ihn ohne einen Meister erkennen.

So sagt auch Gosain Tulsi Das:

> Ohne einen Meister kann niemand das Meer überqueren, und wäre er ein Asket wie Shankara.

Und im *Gurbani* heißt es:

> Niemand kann den Herrn ohne den Meister finden, und wenn er sich auch Millionen von Mühen unterzöge.
>
> Lasse keinen Menschen darüber im Zweifel: Noch niemand ist ohne einen Meister hinübergelangt.

VIII.

Ohne einen *Guru* herrscht Täuschung

Ohne einen *Guru* befinden wir uns in äußerster geistiger Dunkelheit, in der die Wirklichkeit nichts als eine bloße Vorstellung, ein Trugbild ist. Sie ist für uns ein ungeschriebenes Gesetz in einer unbekannten Sprache, solange eine Meisterseele sie uns nicht durch seine persönliche Aufmerksamkeit entschlüsselt. Die Anziehungskraft der Sinneswelt ist so groß und übermächtig, daß flüchtige Phänomene dauerhaft und greifbar erscheinen, das Unwahre im Gewand der Wahrheit auftritt und wir nicht imstande sind, den magischen Schleier beiseite zu ziehen und dem falschen Glanz, der uns einhüllt, zu entrinnen. Mit der Gnade des Meisters kann die Seele über die physische Hülle geradewegs in den Erfahrungsbereich oberhalb der Sinne emporgezogen werden und von da an ungehindert zu höheren spirituellen Visionen aufsteigen und ihre ursprüngliche Gottheit wiedererlangen.

> Ohne einen Meister herrscht völlige Finsternis, und man sinkt in bodenlose Tiefen.

Eine verkörperte Seele kann erst dann Seligkeit erfahren, wenn sie durch die Gnade eines lebenden Meisters ihr eigenes Selbst erkennt. Er initiiert sie in das esoterische Wissen, das man durch praktische Übung im Laboratorium des menschlichen Körpers erarbeiten muß:

> Ohne einen Meister herrscht tiefste Finsternis, in der man keine Erkenntnis findet. Ohne einen Meister wird der begrenzte

Geist nicht zum allumfassenden Geist, und so gibt es für ihn keine Erlösung.

Wahrlich, wahrlich, ich sage euch, daß ihr einen Meister braucht.
Oh Gemüt, du mußt dich an eine Meisterseele wenden! Nimm den als Meister an, der über den Klangstrom gebietet, und er wird dich von allen Unreinheiten säubern.
Sowohl durch seine Aufmerksamkeit als auch durch seine Anweisungen gibt der Meister das Wissen um die Wahrheit weiter. Wer niemals eine Meisterseele sah noch sich in ihre Obhut gab, der vergeudet ganz einfach sein Leben in dieser Welt.

Eine inkarnierte Seele lebt in äußerster Dunkelheit. Schließt ein solcher Mensch die Augen, sieht er nur Dunkelheit im Innern. Genauso ist er in völlige Unwissenheit gehüllt. Wer diese Finsternis in der Seele zerstreuen kann, der mag als *Guru* gelten. Der Begriff *"Guru"* besteht aus zwei Wörtern: *gu* bedeutet "Finsternis", und *ru* bedeutet "Licht". Ein *Guru* ist demnach jemand, der uns aus der Finsternis ins Licht, von der Unwahrheit zur Wahrheit und vom Tod zur Unsterblichkeit führt. Der berühmte Dichter Kalidasa sagt vom *Guru:*

> Er verwandelt die Finsternis in Licht und macht den unsichtbaren Gott sichtbar.

Da eine inkarnierte Seele in Unwissenheit gehüllt ist, erwächst auch all sein Handeln aus Unkenntnis und führt daher unweigerlich zu weiterer Bindung. Die Heiligen erklären, daß ohne die Führung eines Meisters alle Werke der Mildtätigkeit und verdienstvolle Taten wie das Studium der heiligen Schriften, Fasten und Nachtwachen, Pilgerfahrten, das Einhalten von Bräuchen und Ritualen sowie das gewissenhafte Befolgen strenger religiöser Vorschriften für die Befreiung der Seele von keiner Hilfe sind. Der heilige Kabir warnt daher in eindringlichen Worten vor solchen Handlungen:

> Das Beten des Rosenkranzes und alle Mildtätigkeit sind ohne die Führung einer Meisterseele vergebens.
> Nichts davon trägt Frucht.

Bulleh Shah sagt geradeheraus:

> Oh Bulleh, ohne einen Meister wäre all deine Hingabe fruchtlos!

Solange nicht das innere Auge geöffnet und der Kontakt mit der Kraft im Innern hergestellt ist, kann nichts anderes Frucht tragen. Wir können nicht umhin, einen Meister zu suchen, der befähigt ist, uns von allen äußeren Bestrebungen zu lösen, den Geist von der Sinnesebene emporzuziehen, ihn Schritt für Schritt von einer Ebene zur nächsten zu führen, bis er seine ursprüngliche Heimat erreicht hat: *Sach Khand* oder *Muqam-i-Haq*. Er zerstreut alle aus der Unwissenheit geborenen Zweifel und gibt uns das himmlische Licht zur unfehlbaren, sicheren Führung:

> Mit dem *Guru* zerstreut sich das Dunkel; der *Guru* ist gegenwärtig, wohin man sich auch wendet.

Solange unsere Augen nicht sehen können, nützt uns nicht einmal das Licht Hunderter von Monden und Tausender von Sonnen. Sogar diese Strahlkraft könnte die Finsternis in unseren Augen nicht vertreiben. Ganz ähnlich können wir ohne das innere Augenlicht den wunderbaren Glanz der Seele nicht sehen, sondern bleiben in tiefstes Dunkel getaucht.

> Hunderte von Monden und Tausende von Sonnen mögen zusammen aufgehen; selbst in all diesem Glanz finden wir keinen Funken Licht.

IX.

Das Zeugnis der Geschichte

Wir besitzen historische Zeugnisse, die darauf hinweisen, daß wir aus eigener Kraft keinen Zutritt zu den spirituellen Regionen haben können. In den *Shastras* wird erwähnt, daß Narada der Einlaß in Vishnupuri, das Reich von Vishnu, verwehrt wurde, als er alleine hineinzugelangen versuchte, ohne von einem *Guru* initiiert zu sein.

Auch Sukh Dev, der Sohn von Vedvyasa, konnte mit all seinem spirituellen Wissen und seiner Gelehrsamkeit, die er schon von frühester Kindheit an besaß, nicht in das Reich Vishnus einkehren, bis er Raja Rishi Janaka als spirituellen Lehrer annahm.

Wir finden nicht einen einzigen Hinweis darauf, daß einem Sucher ohne Initiation von einem Meister aus eigener Kraft dieses Vorrecht zuteil wurde. Alle Heiligen haben eine Vergangenheit, und so bringen sie von Geburt an ein esoterisches Wissen mit, das sie in früheren Lebenläufen erworben haben. Dennoch müssen sie sich in die Obhut eines Meisters begeben, um die Vollendung zu erreichen und danach als Meister zu wirken.

Guru Amar Das erklärt, daß nach Gottes Gesetz niemand auch nur an Ihn denken könne, solange ihn nicht ein Meister der Wahrheit an den Herrn erinnerte.

> Es ist von Gott selbst bestimmt, daß man nur an Ihn denken kann, wenn man einem Meister der Wahrheit (Gottmenschen)

> begegnet.

Und wiederum:

> Niemand kann zu mir kommen, wenn ihn nicht der Vater, der mich gesandt hat, zieht, und ich werde ihn auferwecken am Jüngsten Tage. (Johannes 6,44)

Es ist eine Regel ohne Ausnahme, daß alle, die ein aufrichtiges Verlangen nach Gott haben, der Führung durch eine Meisterseele bedürfen. Wenn schon solche erhabenen Seelen, deren Macht sich bis zur kausalen Region erstreckte, spirituelle Führung annehmen mußten, können wir gewöhnlichen Sterblichen diese absolute Voraussetzung nicht umstoßen.

Guru Nanak erklärt mit allem Nachdruck, daß Brahma, Narada und Vedvyasa die Bedeutung eines *Guru* betonen:

> Oh Bruder, ohne einen *Guru* kannst du die absolute Wahrheit (im Unterschied zu relativem Wissen, das man durch die Sinne empfängt) nicht ergründen. Du magst Brahma, Narada und Vishnu als Zeugen dafür anrufen.

Tulsi Sahib erklärt:

> Wer ist größer als Rama und Krishna? Auch sie mußten einen Meister annehmen. Selbst sie, die über die drei Regionen (physische, astrale und kausale) herrschten, mußten sich vor einem Meister verneigen.

Jeder, der in der Spiritualitiät auch nur einen gewissen Stand erreichte, brauchte die Unterstützung einer Meisterseele. Raja Rishi Janaka erhielt eine praktische Erfahrung in der Spiritualitiät von Maharishi Ashtawakra. Gorakh Nath empfing seine Initiation von Machinder Nath. Arjuna, der Kriegerprinz der Pandawas, lernte seine Lektionen in der Spiritualität vom erhabenen Krishna. Swami Vivekananda saß zu den Füßen von Paramhansa Ramakrishna, dem Heiligen von Dakshineswar.

Bei den Sikhs war es Guru Nanak, der Lehna formte und ihn zu *Angad* (seinem *Ang* oder Teil von ihm) machte, während dieser wiederum Amar Das zur Vollkommenheit eines *Guru* erhob, usw.

Maulana Rumi spricht davon, wie er seinen spirituellen Impuls von Shamas-i-Tabriz empfing:

> Ein *Maulvi* (Schullehrer) hätte kein *Maulana* (theologische Autorität) werden können, wäre es nicht mit der Gnade von Shamas-i-Tabriz geschehen.

Und:

> Oh *Saqi* (Meister), komm und siehe mit Wohlgefallen auf den Maulana;
> von den Hausdächern ruft er: Er ist der Sklave von Shamas-i-Tabriz.

So mancher Mahatma hat in seinen Vorträgen seinem göttlichen Lehrer Ehre erwiesen, und wenngleich manche nichts davon erwähnen, ist die Tatsache nicht zu leugnen, daß Licht von Licht und Leben von Leben kommt und daß die von Gemüt und Materie besessenen Menschen nicht zu kosmischem Bewußtsein erwachen und aufsteigen können, wenn eine Meisterseele sie nicht emporzieht.

X.

Lebende Meister in allen Zeitaltern

Es gibt stets Nahrung für die Hungrigen und Wasser für die Durstigen. Für den Säugling, der vor hundert Jahren geboren wurde, sorgte die Natur mit Milch von der Mutterbrust genauso wie für das Kind, das tausend Jahre früher das Licht der Welt erblickte, und genauso werden Neugeborene bis auf den heutigen Tag ernährt. Das Gesetz von Bedarf und Versorgung wirkt unwandelbar in der Natur und ebenso im Bereich der Spiritualität. Für die Gottsucher vor der Zeit Guru Nanaks wie für alle danach hält die Natur die Mittel bereit, um ihre Sehnsucht zu stillen. Eine bestimmte Epoche in der Geschichte, seien es ein oder zwei oder mehr Jahrhunderte, als die Zeit der *Gurus* herauszulösen und zu behaupten, es habe keine Meisterseelen vor oder nach dieser Zeitspanne gegeben, widerspricht dem fundamentalen Gesetz von Bedarf und Versorgung und ist daher irrig.

Die Lehren der Meister gelten für alle Zeiten, und nicht nur für eine bestimmte Epoche. Sie vermitteln ewige Wahrheiten, die sich zu allen Zeiten als richtig erweisen, und bilden das gemeinsame Erbe der ganzen Menschheit. Eine ihrer Kernaussagen besagt, daß Gott Einer ist und der Mensch Ihn mit der Hilfe eines Gottmenschen erreichen kann. Dies ist eine unumstößliche Wahrheit.

Im *Anurag Sagar* erklärt Kabir Sahib, er sei in allen vier *Yugas* oder Zeitaltern in die Welt gekommen. Er verweist damit auf die Tatsache, daß das *Wort* oder die Manifestation Gottes in allen Zeitaltern durch einen menschlichen Körper wirkt, so daß es in der gesamten Menschheitsgeschichte keinen einzigen Zeitraum gibt, in der kein solcher Meister existiert hätte. Wenn Kabir von sich sagt, er sei in allen vier *Yugas* in die Welt gekommen, verweist er nur darauf, daß sich das göttliche *Wort* zu allen Zeiten personifiziert oder Fleisch wird.

Das *Bhagat Bani* existierte lange vor dem *Gurbani,* d.h. das göttliche *Wort* bestand lange, bevor eine heilige Schrift wie der *Gurbani* es bezeugte. Aus dem *Guru Granth Sahib* und den Versen von Bhai Gurdas erfahren wir, daß die Menschen in allen Zeitaltern mit *Shabd* oder *Ba?ni* gesegnet wurden.

> Sowohl Krishna als auch Balbhadra verneigten sich vor einem *Guru.*
> Nam Dev, der Kattundrucker, und Kabir, der Weber, erlernten die esoterische Wissenschaft von einem *Guru.*
> *Bani* hat in allen vier Zeitaltern existiert, um die Botschaft der Wahrheit herabzubringen.
> *Shabd* ist wahr, und *Bani* ist wahr. Dies haben die Gottmenschen durch alle Zeitalter hindurch erklärt.

Obgleich Guru Nanak von seinem gegenwärtigen Zeitalter spricht, besaß derselbe Grundsatz schon immer Gültigkeit. Seit die ersten Menschen auf der Welt lebten, gab es nicht einen einzigen Tag in der Geschichte, da die Welt ohne eine lebenden Meister gewesen wäre. So haben *Bani* (der göttliche Klangstrom) und der *Guru* stets zusammen existiert, wobei der letztere die Seelen mit den göttlichen Offenbarungen segnete. Der *Guru* ist stets der Mittler gewesen, um den Wahrheitssuchern zu helfen.

> Oh Gott, Deine Heiligen waren schon immer in der Welt!
> Oh Gott, durch alle Zeitalter hindurch ist die Reihe der *Gurus* nie abgebrochen. Kein einziger *Sat Guru* blieb ohne Nachfolger, und sie alle verkündeten die Lehre von *Naam.*

XI.

Der Wert der heiligen Schriften

Ein *Guru* ist ein Mensch von höchster Spiritualität, der über die inneren Ebenen bis *Sach Khand* (die Region der Wahrheit) gebietet. Er besitzt unmittelbare Kenntnis von *And, Brahmand* und *Sach Khand*, die drei großen Wirklichkeitsbereiche von der physischen bis zur rein spirituellen Region.

Er ist frei von der Umklammerung von Körper und Gemüt und von reiner Spiritualität erfüllt. Durch seine Ausstrahlung befähigt er andere Menschen, sich ebenfalls über den Einfluß von Körper und Gemüt zu erheben, sich nach innen zu wenden und unter seiner Führung Gottes Offenbarungen im Innern zu empfangen. Ein solcher *Guru* ist selbst ein Ergebener, der göttliche Offenbarungen empfing und von Gott bevollmächtigt wurde, seinen Schatz mit denen zu teilen, die deshalb zu ihm kommen. Er überträgt gleichsam seinen spirituellen Lebensimpuls auf andere, um sie mit demselben Leben zu erfüllen. Viele glauben, sie könnten schon allein durch das Studium der Schriften das spirituelle Licht empfangen und bedürften zu diesem Zweck keines Meisters. So mögen wir innehalten und uns dem Wert und der Bedeutung der heiligen Schriften zuwenden.

Nüchtern betrachtet, sind sie nichts anderes als die Aufzeichnungen der persönlichen spirituellen Erfahrungen von Weisen, Sehern, Propheten und frommen Menschen der Vergangenheit. Es ist gut, sie aufmerksam und hingebungsvoll zu lesen. Wir sollten Achtung vor ihnen haben, denn sie stellen ein gewaltiges Schatzhaus an Spiritualität dar, das unsere Ahnen uns zu unserem Wohl hinterließen.

Die heiligen Schriften und die Lebensberichte solcher erhabener Persönlichkeiten wecken eine spirituelle Sehnsucht und erfüllen uns mit Hoffnung und Zuversicht. Sie mögen uns auch in groben Zügen mit den Grundsätzen der Spiritualität bekannt machen, aber wir können von ihnen nicht deren innere Bedeutung erfahren noch den Lebensimpuls empfangen, denn beides können wir nur von einem lebenden Meister empfangen.

Letzten Endes sind Bücher materielle Gegenstände und können somit kein Leben weitergeben. Leben kommt aber von Lebendigem, und Licht von Licht. Nur eine erwachte Seele kann unsere Seele aus ihrem tiefen Schlummer wecken. Wir mögen unendlich lange die Schriften lesen und zahllose Opfergaben bringen, und doch kein spirituelles Erwachen und keine Erleuchtung erfahren.

Spiritualität kann man weder erwerben noch erlernen, sondern nur – gleich einer Infektion – auffangen, und zwar nur von einem, der diese spirituelle Infektion selbst in sich trägt und davon ganz durchdrungen ist. Die Lehren der Heiligen erfaßt man nicht durch verstandesmäßiges Lernen, sondern vor allem durch Offenbarung. Nachdem man die Theorie des spirituellen Pfades kennt, muß man diesen Weg selbst sehen, erfahren und prüfen. Er ist zugleich eine Wissenschaft und eine Kunst, in deren Geheimnisse uns nur ein erfahrener Experte sicher einführen und bis zur höchsten Stufe anleiten kann.

> Gott kann man am besten durch Hingabe an einen Gottmenschen dienen, denn nur durch dessen Gnade können wir zu Gott gelangen.

Auch die Schriften der früheren Meister legen großen Nachdruck auf die Notwendigkeit, einen lebenden Meister zu finden.

> Trinke das Wasser, in dem sich der *Sadh* die Füße wusch. Brin-

> ge dich selbst um seinetwillen zum Brandopfer dar. Wasche dich im Staub seiner Füße und sei selbst das Opfer, das du ihm darbringst. Sei ein Sklave der Heiligen – mehr brauchst du nicht zu wissen.

Das Waschwasser eines *Sadh* zu trinken und sich im Staub zu seinen Füßen zu waschen sind bildhafte Ausdrucksweisen, mit denen der hohe Grad der Hingabe zum Ausdruck gebracht wird, den ein spirituell hochentfalteter Schüler einem vollendeten Meister entgegenbringt. Ein solcher Grad der Ergebenheit bedeutet Gehorsam ohne Wenn und Aber. Sich selbst zum Brandopfer zu machen und dem Meister darzubringen bezieht sich auf die reinigende Kraft des feurigen göttlichen Lichts, das der Schüler auf seiner inneren Reise mit seiner Seele erblickt und das eine große reinigende Wirkung besitzt, so daß derjenige, der darin verzehrt wird, von allen negativen Neigungen befreit, zu einem reinen Gefäß für die Gotteskraft wird. Sind all die Neigungen der weltlichen Wünsche und des Egos oder des Stolzes von der Seele genommen, kennt sie keine andere Bewegkraft mehr als den Wunsch, in ständiger Ergebenheit gegenüber dem Meister oder Gott im Menschen zu leben.

Auch Bhai Gurdas bezeugt:

> Im *Guru* liegen alle Veden und die anderen heiligen Schriften verborgen. Mit ihm in Verbindung zu kommen genügt, um sicher über das Meer des Lebens zu gelangen. Ohne einen Meister der Wahrheit können wir die Wahrheit nicht kennen. Gott selbst muß zu diesem Zweck herabkommen.

Viele Menschen studieren mit großem Ernst und Eifer ein ganzes Leben lang die heiligen Schriften. Sie haben eine Menge Wissen darüber angesammelt und können gelehrte Vorträge halten und anspruchsvolle Diskussionen über spirituelle Angelegenheiten führen, auch wenn sie unglücklicherweise über keinerlei spirituelles Wissen und spirituelle Erfahrung verfügen. Ihre Lebensführung ist nicht weniger leer als die anderer. Sie haben weder an der Wurzel gelernt noch das Wasser des Lebens aus seiner Quelle, dem lebenden Meister, getrunken. So heißt es im *Sri Asa Ki War*:

> Du magst deinen Kopf mit einer riesigen Last an Wissen vollstopfen. Du magst jeden Tag, an dem du dich erhebst, eine große Ernte an Gelehrsamkeit einbringen. Du magst dein ganzes Leben Jahr um Jahr, Monat um Monat und Minute um Minute mit Lernen zubringen. Oh Nanak, eines ist gewiß: du wirst nur ein aufgeblasener Esel!
> Oh Nanak, du magst die heiligen Schriften nach Gewicht studieren und dich endlos dieser Aufgabe widmen. Was bringt dir am Ende all diese Gelehrsamkeit ein, wenn doch *Naam* weit über all diesen heiligen Büchern liegt?

Schließlich beschreiben die Bücher nur das Wissen von Gott, geben dieses Gut jedoch nicht weiter.

> Sei dessen gewiß, daß die Essenz allen Wissens und aller Weisheit in *Dhuni* (dem Klangstrom) verborgen liegt und daher nicht zu beschreiben ist.

Diese Essenz liegt demnach in uns selbst verborgen, aber wir haben keinen Zugang dazu, bis wir lernen, wie Emerson es ausdrückte, "innen anzuklopfen".

Der Parapsychologe J.B. Rhine erklärt in seinem Buch *Neuland der Seele*, es gäbe etwas im Menschen, daß alle Materie übersteige. Könnten wir spirituelles Wissen aus Büchern beziehen, wären alle gebildeten Menschen längst Heilige. Die tatsächliche Erfahrung zeigt uns jedoch, daß sie bei all ihrem theoretischen Wissen so materiell sind wie die Bibliotheken, in denen jene Bücher aufbewahrt werden. Mit ihrer schweren Last angelesenen Wissens sind sie einem Esel vergleichbar, der unter dem Gewicht des Sandelholzes stolpert, das er auf seinem Rücken trägt, und dabei nicht den süßen Duft wahr-

nimmt, den es ausströmt.
Theoretisches Wissen ohne die praktische Erfahrung ist daher von wenig Nutzen. Guru Nanak erklärt:

> Läsen wir unser ganzes Leben lang Tausende von Büchern und versäumten dennoch, ihren Inhalt in die Praxis umzusetzen, wäre all dies von keinem Wert.

So sind Menschen, denen sehr an theoretischer Gelehrsamkeit gelegen ist und die ganze Bücher verschlingen, keinen Deut besser auf den spirituellen Pfad vorbereitet als andere, weil man den spirituellen Pfad allein durch die Meditation der Seele kennenlernt. Von Spiritualität zu sprechen ist weitaus leichter, als spirituell zu leben. Menschen, die auf diese Weise nur ein wenig an der Oberfläche der Spiritualität kratzen, stellen ihr bißchen Wissen zur Schau, ohne wirklich etwas Gutes zu bewirken. Maulana Rumi erklärt:

> Komme unter den allumfassenden Einfluß eines Heiligen; du kannst den Pfad nicht bei einem bloßen Nachahmer finden.

Im Evangelium lesen wir die Worte Jesu:

> Hütet euch vor den falschen Propheten, die in Schafskleidern zu euch kommen, inwendig aber reißende Wölfe sind. (Matthäus 7,15)

In der Gesellschaft eines Heiligen erwacht unweigerlich eine Sehnsucht nach Spiritualität. Daran müssen sich die Weltklugen messen lassen. Eine solche Persönlichkeit ist es wert, daß wir ihr von ganzem Herzen und ganzer Seele unsere Achtung und Verehrung entgegenbringen. Wer immer mit ihm in Berührung kommt, wird von seiner spirituellen Ausstrahlung magnetisch angezogen und in hohe spirituelle Bereiche erhoben.

> Mein Körper, mein Geist und alles, was ich besitze, gehören

> dem Meister;
> seine Gnade hat mir den heiligen Gral erschlossen und mich geheilt; in der ganzen Welt gibt es keinen größeren Wohltäter als ihn. Wer sich mit einem *Sadh* verbindet, wird sicher hinübergebracht.

Das Ideal des Meisters ist spiritueller Natur. Er ist nicht wie wir auf seinen physischen Körper begrenzt, sondern ist das personifizierte *Wort*.

> Das *Wort* ist Fleisch geworden und hat unter uns gewohnt.

Der physische Körper ist nur wie ein Gewand, das der Schüler wie der Meister in dem Moment ablegen müssen, da die spirituelle Reise beginnt, denn der Geist muß sich unbehindert auf diesen inneren Weg begeben. Solange der Meister jedoch als Lehrer suchender Menschen in der physischen Welt wirkt, ist dieser Körper wahrhaft voll göttlicher Gnade; in menschlicher Gestalt verströmt er Gottes Licht und lädt alle, die mit ihm in Berührung kommen, mit den mächtigen Strahlen der Spiritualität auf. Von jeher ist der Mensch Lehrer des Menschen gewesen, und schon immer nahm sich der Mensch einen idealen Menschen zum Vorbild.

Wer dies als Götzendienst betrachtet, weiß nichts von der verborgenen Größe des Meisters. Diese "Menschenanbetung", wie man es gerne nennt, ist weit besser als "Bücheranbetung" oder "Götzenanbetung", da hier das geringere Bewußtsein das höhere Bewußtsein anbetet. Leben kommt von Leben, und nicht von unbeseelter Materie. Hazrat Khusre, ein grosser Sufi-Dichter, erklärt in seinem bekannten Vers:

> Die Leute behaupten, Khusre sei ein Götzendiener geworden,
> und wahrlich, ich gebe es zu, denn was geht die Welt mich an?

Ein anderer persischer Dichter beteuerte auf seinem Krankenbett:

> Oh unwissender Arzt, nimm Abschied, denn du weißt nicht, daß es für die Liebeskranken keine andere Arznei gibt als den Anblick des Geliebten!

Ähnlich bat auch Guru Nanak, als er in seiner Kindheit unter der Qual der Liebe litt, den ihn behandelnden Arzt, am besten wieder zu gehen, denn er könne die Krankheit seines Herzens nicht herausfinden.

Ein weltkluger Mensch und ein Ergebener haben nichts miteinander gemein. Wer niemals Ergebenheit kannte, weiß nichts vom Wert eines Meisters, in dem Sich Gott manifestiert und durch den Er Sein gütiges Licht in die Welt ergießt.

Genau genommen bezeichnet der Begriff *"Guru"* keine Person, sondern er steht für eine dynamische Kraft, die durch einen besonderen menschlichen Pol wirkt und uns durch ihn Vorbild ist. Er ist die Kraft, die uns bei unserem spirituellen Fortschritt hilft. Die spirituellen Sucher sammeln sich wie Mücken um ihn, um in seiner heiligen Gegenwart sich selbst vollständig zu vergessen. Kabir erklärt:

> Die Unwissenden sehen im Meister einen Menschen. Sie werden vom Strudel der Welt erfaßt und sinken hinab. Ihr Körper und Geist bewirken nichts und haben keinen Gewinn. Sie können keine Hingabe entfalten, weshalb sie ihrer Gefangenschaft auch nicht entfliehen. Solche Menschen stürzen sich in den Dienst der negativen Kraft, und so müssen sie endlos im gewaltigen Rad der Schöpfung verharren.

XII.

Wohnstätte aller göttlichen Eigenschaften

Als Mensch ist der *Guru* ein vollkommenes Vorbild: In ihm leuchtet die Sonne der Spiritualität. Er ist die Quelle des Lebens, die Verkörperung der ganzen sichtbaren und unsichtbaren Schöpfung von *Sat Lok* bis hinab zur physischen Ebene. Er ist so wenig zu erfassen, wie es möglich ist, den Ozean schwimmend zu überqueren. Um ein Bad im Wasser zu nehmen, braucht man sich nicht bis zur Mitte des Meeres zu begeben, sondern man begnügt sich mit dem Wasser am Strand. Durch den vollkommen Menschen kann man Liebe, Licht und Leben direkt von Gott empfangen.

Denken wir über die Größe des Meisters nach und darüber, wie er nach der eigenen Vollendung sein Leben dem Wohl der leidenden Menschheit weihte, so bleibt nur zu sagen, daß er mit göttlicher Barmherzigkeit wirkt: Obwohl er selbst die *Unio Mystica* mit Gott erlangte und somit für immer zu Gott zurückkehren könnte, verbleibt er freiwilllig in der Welt, um als gehorsamer Diener Gottes suchenden Menschen aus ihrem Leid herauszuhelfen.

> Kommt zu mir alle, die ihr mühselig und beladen seid: Ich will euch erquicken. (Matthäus 11,28)

> Denn der Menschensohn ist gekommen, zu suchen und selig zu machen, was verloren war. (Lukas 19,10)

Ein *Murshid-i-Kamil* (vollendeter Meister) ist wahrhaft die Wohnstätte aller göttlichen Eigenschaften, die er in Fülle verkörpert. Das freundliche Licht des Himmels scheint in ihm, und er gibt es an die Menschheit ab. Der Meister vereinigt zwei Seinsweisen in sich: zum einen ist er Menschensohn – mit einem physischen Körper – und zum anderen Sohn Gottes, der die von Gott getrennten Seelen zu ihrem Ursprung zurückführt. Die vollendeten Meister leben demnach mit dem alleinigen Ziel in dieser Welt, andere Seelen zu Gott zurückzuführen. In der Bibel heißt es deshalb:

> Das Gesetz des Herrn ist vollkommen, sie erquickt die Seele. Das Zeugnis des Herren ist verläßlich und macht die Unverständigen weise. (Psalm 19,8)

Wenn sich eine Seele zu kosmischem Bewußtsein erhebt, erfährt sie den Meister als die zentrale Kraft, die das ganze Universum belebt. Er ist die personifizierte Wahrheit, von Gottes Wesen erfüllt und der Verehrung aller Menschen würdig.

Er ist es, der die Menschheit führen kann. Er vereint in sich alles, was gut und edel ist. Gott spiegelt Sich in ihm, der Sein Gesetz auf allen Ebenen von der physischen bis zu den höchsten spirituellen verwaltet. Selbst wenn ein solcher vollendeter Meister keine Schulbildung besitzt, ist er doch der Weiseste von allen. Auch als Mensch ist er der Heiligste der Heiligen, von einer Liebe erfüllt, die sich auf alle soziale Klassen, Länder und Nationen erstreckt. Sein wahres Selbst umfaßt die ganze Menschheit. Er ist ein Weltbürger und richtet seine universale Botschaft an alle. Zwar lebt er wie jeder andere auf dieser Welt, ist jedoch innerlich nicht im geringsten daran gebunden. Er liebt alle Menschen weit mehr als Eltern ihre Kinder. Obwohl er unsere Fehler erkennt, sieht er lächelnd darüber hinweg und hilft uns, sie zu überwinden. Aus grenzenloser Barmherzigkeit läuft er sich wie Christus die Füße wund, um nach denen zu schauen, die in der Suche nach Gott umherirren.

Auch wenn er wie ein Mensch aussieht, ist er in Wahrheit weit mehr als ein Mensch, sogar mehr als ein Übermensch. Er ist in jeder Hinsicht vollkommen – geistig, moralisch, spirituell und als Manifestation Gottes. Trotz seiner Größe verhält er sich wie der Geringste und Bescheidenste unter den Menschen. Er vereint in sich Macht und Armut, Erkenntnis und Liebe, Größe und Demut. Er kann sich nach freiem Belieben über den physischen Körper erheben, Sonne und Mond hinter sich lassen, die feinstofflichen und kausalen Regionen durchqueren und selbst über *Par Brahm* hinausgehen.

Die Wissenschaft sieht sich hier vor ihre Grenzen gestellt. Bislang beschränkt sich die wissenschaftliche Forschung auf materielle Phänomene, denen die Forscher sich mit ihrer ganzen geistigen und moralischen Kraft widmen. Dabei haben sie keinen blassen Schimmer von den zahlreichen Regionen, zu denen der Meister der Wahrheit jederzeit freien Zugang besitzt. Wer jedoch die Lehren des Meisters annimmt und nach seinen Anweisungen handelt, wird selbst sehend.

Alle Heiligen sind sich darin einig, daß das Reich Gottes im Innern liegt. Jesus Christus erklärt:

> Das Reich Gottes kommt nicht so, daß man es mit Augen sehen kann. Auch wird man nicht sagen: Siehe, hier! oder: Dort! Denn siehe, das Reich Gottes ist inwendig in euch. (Lukas 17,20-21)

Dieser Gedanke wird im *Gurbani* bestätigt, wo es heißt:

> Alles ist in euch und nichts außerhalb von euch. Die Suche im Äußeren ist fruchtlos, oh Brüder, wenn doch das Kronjuwel in euch verborgen ist!
> Wer im Äußeren danach sucht, verirrt sich in der Wildnis.

Der menschliche Körper ist der Tempel Gottes. Er ist die wahre Kirche, Synagoge oder Moschee, die Gott Selbst schuf. Wie traurig ist es da, daß wir Ihn in von Menschen gebauten Gebäuden suchen! Wer den Weg bis in die Tiefen des menschlichen Geistes kennt und im Laboratorium der Seele zu experimentieren weiß, ist imstande, die Wunder erhabener Visionen zu schauen und die himmlischen Melodien der göttlichen Harmonie zu hören.

> Alles findet sich im Innern des Körpers: *Khand, Mandal* und *Patal* (die inneren Ebenen von den niedrigsten bis zu den höchsten). In ihm ist das Kronjuwel der Spiritualität verschlossen, und ein Ergebener empfängt diesen Schatz in Fülle. Der ganze Makrokosmos verbirgt sich im Mikrokosmos. In diesem Körper kann man *Naam* (das *Wort)* finden, wenn man die Anweisungen befolgt.

Sannai, der große Philosoph erklärt:

> Im Reich des menschlichen Körpers finden sich zahllose Firmamente und Kräfte, die in Harmonie miteinander wirken. Der Geist muß viele niedrige und hohe Regionen durchqueren, durch Berge und Flußtäler reisen. Es gibt viele Ebenen, Meere, wilde Landschaften und schwindelerregende Höhen, welche die Vorstellungskraft weit übersteigen. In diesem gewaltigen Irrgarten nimmt sich das physische Universum wie ein winziger Punkt auf einem gewaltigen Meer aus.

Als Tempel Gottes ist der menschliche Körper wie eine Miniaturausgabe der großen Schöpfung, und wer auch immer in ihn eintaucht, kann das Geheimnis der Schöpfung erkennen:

> *Brahmand* (das Universum) und *Pind* (der menschliche Körper) sind nach gleicher Art gestaltet. Wer das eine erforscht, dem erschließt sich damit von selbst das Mysterium des anderen wie ein offenes Buch.

Wahrhaft groß ist der Mensch mit all den unbegrenzten Möglichkeiten, die er besitzt. Der Makrokosmos selbst ist in den Mikrokosmos seine Körpers eingeschlossen. Dabei schauen wir stets nur auf die äußere Hülle und befassen uns ständig damit, während wir wenig darüber wissen, was sich hinter den Falten dieses Gewands verbirgt. Wir ernähren und verwöhnen den Körper und vernachlässigen dabei sträflich seinen Bewohner und Lebensspender. Dieser hat seine eigentliche Heimat in den spirituellen Regionen, die er betreten kann, indem er sich nach innen wendet.

> Wahrlich, ich sage euch: Wer das Reich Gottes nicht annimmt wie ein Kind, wird nicht hineingelangen. (Markus 10,15).

Bedauerlicherweise schauen wir jedoch nie nach innen, weil es uns zuwider ist, einem kleinen Kind gleich zu werden. Der große Philosoph Emerson mahnt ebenfalls, man müsse innen anklopfen. Und der Denker Bergson rät, den Todessprung nach innen zu wagen, um zur Quelle allen Wissens zu gelangen.

Der Meister der Wahrheit lehrt in jeder Einzelheit, wie man die Einkehr, das "Anklopfen im Innern", den "Todessprung nach innen" oder die Umwandlung zum kleinen Kind, wie Jesus es nannte, vollziehen kann. Seine praktischen Anweisungen gibt er sowohl durch das gesprochene Wort wie auch durch Unterweisung auf den verschiedenen Ebenen, die der Geist bei seiner inneren Reise unter des Meisters persönlicher Führung und Obhut durchquert.

Heilige sind Experten der spirituellen Welt und Meister des *Para Vidya* (Wissen vom Jenseits); der Mcister der Wahrheit besitzt alles Wissen vom Jenseits bis hinauf zur reinen Wahrheit Gottes, und er ist ermächtigt, andere mit spiritueller Erkenntnis zu segnen, so wie ein Augenchirurg einem blinden Patienten die Sehkraft wiederschenkt. Wie Buddha erklärt der Meister uns, daß alles physische Leben seinem Wesen nach Leid bedeutet, daß es jedoch darüber zahllose feinstoffliche Regionen gibt, in denen man nichts als Seligkeit und Licht erfährt. Jeden Tag erhebt er sich zu diesen Ebenen und berichtet uns über seine Erfahrungen. Diejenigen, die seinem Rat folgen und unter seiner Anleitung im Laboratorium des Körpers experimentieren, erblicken feinstoffliche Welten mit der gleichen Deutlichkeit, wie wir die physische Welt sehen, und das Ergebnis ihres Forschens ist so zuverlässig und gültig wie das Einmaleins.

XIII.

Die Heimkehr der verkörperten Seelen

Der Meister kommt aus seiner spirituellen Heimat herab, um die inkarnierten Seelen zurückzurufen.

> Niemand kann zu mir kommen, wenn ihn nicht der Vater, der mich gesandt hat, zieht ... (Johannes 6,44)

Unsere Seele ist vollkommen wesenseins mit Gott. Zu Beginn der Schöpfung löste sie sich aus dem Meer der göttlichen Glückseligkeit und hüllte sich in Gemüt und Körper. Auch die Heiligen kommen aus ihrer spirituellen Heimat herab, aber nur, um solche Seelen heimzuholen, die für die Rückkehr zu Gott bereit sind.

Es ist in Wahrheit Gott Selbst, Der im Gewand des Menschen erscheint, um die inkarnierten Seelen nach einer gewissen Zeit der Prüfung aus dem Einflußbereich der negativen Kraft zu holen. Hierin erfüllt sich der ewige Bund oder das ewige Gesetz, wonach der Mensch einen Menschen als Lehrer haben muß, der ihn zur Erlösung, zur glücklichen Heimkehr führt.

> Es kommt die Stunde, und sie ist jetzt da, wo die Toten die Stimme des Sohnes Gottes hören werden; und die sie hören, werden leben. (Johannes 5,25)
>
> Der dich in die Welt sandte, ruft dich zurück. Kehre in deine ursprüngliche Heimat in *Sahaj* (oberhalb der physischen, menta-

len und kausalen Ebenen) zurück.

Sie sind eins mit Gott und kommen mit der Vollmacht Gottes und auf Sein Geheiß in die Welt, um Seinem Willen gemäß die Heimkehr der Seelen zu ermöglichen. Hierin liegt ihre hohe Mission, die sie voller Güte erfüllen. So sagt Shamas-i-Tabriz über sich:

> Wie wenig ahnt ihr, welcher Art Vögel wir sind und wovon wir beständig singen. Wir gleichen Bettlern, doch unsere Taten sind mehr als königlich. Wir mögen arm erscheinen, doch sind wir reicher als die reichste Goldmine. Als König der Könige machen wir uns nichts aus dem kurzen Aufenthalt in diesem Gefängnis der Welt. Wir sind hier nur Pilger, und können nicht lange verweilen. Wir haben einen Bund mit dem Herrn und stehen zu unserem Gelöbnis. Solange wir in unserem physischen Gewand sind, nehmen wir an niemandem Anstoß, noch fügen wir irgendjemandem ein Leid zu. Gleich einem wahrhaften Paradies sind wir stets von gütigem Licht und himmlischer Gnade erfüllt. Glücklich leben wir mit frohem Herzen und einem Lächeln auf den Lippen.

Auch Guru Gobind Singh sagt über sich:

> Nachdem ich die Dualität abgeworfen hatte, war ich mit dem Herrn eins. Niemals wollte ich wieder in die Welt herabkommen, doch ich mußte mich Seinem Gebot beugen, und so kam ich, um Seinen Willen zu erfüllen.

Auch Kabir Sahib erklärt:

> Kabir kommt mit einem göttlichen Auftrag aus der Wohnstätte des Herrn.

Und im Evangelium heißt es:

> Ich tue nichts von mir aus, sondern rede so, wie mich der Vater gelehrt hat. (Johannes 8,28)

Ähnliche Aussagen finden sich im *Gurbani*:

> Oh Lalo, ich rede nichts aus mir selbst! Ich spreche nur aus, was mir der Geliebte in den Mund legt.

> Der arme Nanak macht den Mund nur auf, wenn es ihm aufgetragen wird.

XIV.

Die Mission der Meister

Meisterseelen kommen aus reinem Mitleid mit der leidenden Menschheit in die Welt.

> Kommt zu mir alle, die ihr mühselig und beladen seid; ich will euch erquicken. (Matthäus 11, 28)

Sie müssen sich notgedrungen in den physischen Körper mit all seiner Unreinheit kleiden, da sie auf der physischen Ebene mitten unter den Menschen wirken sollen.

> Gott kleidete sich in des gemeinen Menschen Fleisch, um schwach genug zu sein, Leid zu erdulden. (John Donne)

Allerdings kommen und gehen sie auf andere Weise als wir gewöhnlichen Menschen. Sie kommen und gehen aus freien Stücken; zwar müssen sie in die Welt geboren werden, um während dieses Lebens den höchsten Grad der Vollendung zu erlangen, sind jedoch, wenn sie dieses höchste Lebensziel einmal erreicht haben, freie Wesen, die nicht länger dem Gesetz des Karma unterliegen. Wenn sie dennoch weiter auf der Welt leben, so tun sie dies in freiwilliger Unterwerfung gegenüber dem Willen Gottes, Der Sein Werk der Erlösung durch sie erfüllt. Sie kommen zum Wohl der Menschheit – um den verkörperten Seelen, die sich nach dem inneren Leben sehnen, den belebenden Impuls zu geben. Von der Welt losgelöst und auf ewig frei, kommen sie als Erlöser.

> Nicht die Gesunden brauchen den Arzt, sondern die Kranken. Ich bin nicht gekommen, Gerechte zu berufen, sondern Sünder. (Markus 2,17)

> Geburt und Tod berühren sie nicht, denn sie kommen als Erlöser für die Sünder. Sie übertragen ihren Schülern die eigene Lebensenergie und wandeln sie so in Heilige um.

Ein Meister ist der größte Wohltäter auf Erden. Sein Werk ist von höchster Bedeutung. Er kommt, um die Seelen aus der Gefangenschaft in Gemüt und Materie zu lösen und sie aus dem Exil in ihre wunderbare Heimat zurückzuholen und ihnen ihr reiches Erbe wiederzugeben. Ein wohlwollender Mensch mag den Gefängniswärter anweisen, den ihm anvertrauten Gefangenen schmackhaftes Essen zu geben. Ein anderer Wohltäter kann ihnen den Aufenthalt durch andere Annehmlichkeiten erleichtern. Ein dritter befiehlt, sie neu einzukleiden und sie gut unterzubringen. Zweifellos tut jeder von ihnen etwas, um ihr gegenwärtiges Los zu erleichtern. Käme jedoch jemand, um die Gefängnistore aufzuwerfen und sie aus dem Leid und Elend der Gefangenschaft zu entlassen, würde seine Tat die der anderen natürlich weit übertreffen.

Dies entspricht genau dem Wirken eines vollendeten Meisters. Er offenbart uns das verlorene Reich Gottes und vereinigt uns mit dem Herrn.

> Wer an den Sohn glaubt, der hat ewiges Leben. (Johannes 3,36)

XV.

Der Meister und sein Werk

Unsere Seele ist in zahllose Eindrücke eingehüllt. Diese Eindrücke sind das Ergebnis unserer früheren Karmas, und sie sind der Impuls für weitere Wünsche nach Freuden in der materiellen Welt, die uns immer weiter von Gott entfernen. Der Meister löscht diese Eindrükke aus, indem er uns göttliche Offenbarungen schenkt. Zuweilen sind bestimmte Wünsche so tief im Gemüt verwurzelt, daß sie durch Offenbarungen, wie sie die Seele im Innern empfängt, nicht aufgehoben werden können. In diesem Fall erfüllt der Meister die Wünsche des Schülers und stärkt ihn zugleich, so daß die Erfüllung des einen Wunsches keine neuen Begierden mehr mit sich bringt. So hat es zuweilen den Anschein, als habe der Meister die Aufgabe, die Wünsche seiner Schüler zu erfüllen; wo immer dies geschieht, dient es allein dem Zweck, den Schüler wunschlos zu machen. Das Ziel ist stets und ohne Ausnahme der spirituelle Fortschritt des Ergebenen.

Ein Meister begründet keine neuen "Ismen", noch bekämpft er die bestehenden Weltanschauungen. Er kommt nicht, um das Gesetz aufzuheben, sondern um es zu erfüllen. Spiritualität, so wie er sie lehrt, ist tatsächlich die ursprüngliche Kraft, aus der später die "Ismen" (organisierten Religionen) hervorgehen, und er belebt nur aufs neue, was in den Händen der organisierten Religionen in Vergessenheit geraten ist.

Auf seine unvergleichlich liebevolle Weise begegnet er jedem auf dem Weg des geringsten Widerstandes. Er mischt sich nicht in Glaubensbekenntnis und Zugehörigkeit eines Menschen ein, noch greift er in das gesellschaftliche Gefüge ein. Er spricht nur über die Seele, ihre innerste Natur, ihren Sitz im Körper, über ihre unterschiedliche Art zu wirken, ihre ungenutzten Fähigkeiten und die Möglichkeit, sie in ihrem Verhältnis zu Körper und Gemüt wie auch zu Gott zu entfalten, so daß sie befreit werden, in sich selbst ruhen und zu Gott gelangen kann.

Sein Appell richtet sich unmittelbar an die Seele, und seine Worte dringen tief in sie ein. Er zahlt mit barer Münze, statt die Menschen auf das Leben nach dem Tod zu vertrösten. Er lehrt:

> Glaube nicht den Worten eines Meisters, bis du das, wovon er spricht, mit eigenen Augen siehst.

Nur im Sinne eines Experiments müssen wir die Worte eines Meisters zunächst akzeptieren, wenn wir jedoch seine Aussagen durch das tatsächliche Experiment bestätigt finden, wird die Hypothese zur Überzeugung. Sieht man erst einmal das Licht der Sonne, kann man deren Existenz nicht länger leugnen, auch wenn alle Blinden der Welt ihre Existenz bestreiten. Solange man die innere Vision nicht hat, kann einem die Erkenntnis der Wirklichkeit nicht aufdämmern, und in der Folgen irren die inkarnierten Seelen weiter in grenzenloser Unwissenheit umher.

Um einen Meister der Wahrheit scharen sich stets die nach Spiritualität hungernden Sucher, um das Brot und das Wasser des Lebens zu empfangen, das er ihnen freigiebig schenkt. Nach und nach wird ihre Liebe zu beständiger Hingabe, die sie der erlösenden Gnade des Meisters immer würdiger macht und ihren inneren Heimweg beschleunigt.

XVI.

Der Meister und seine Pflichten

Ein Meister erfüllt zahllose Aufgaben und Pflichten. Seine erste und vorrangige Mission besteht darin, das Geschöpf wieder mit seinem Schöpfer zu verbinden, für ihn das Reich Gottes wiederzugewinnen und ihn in sein längst vergessenes Erbe wieder einzusetzen. Dies geschieht durch *Shabd* oder das *Wort,* das die Seele in ihre ursprüngliche Heimat trägt. Gleich elektromagnetischen Wellen schwingt *Shabd* oder das *Wort* überall, obwohl die übergroße Dichte und das Gewicht der Materie auf dem physischen Plan verhindern, daß wir es wahrnehmen und Segen daraus ziehen.

Ein Meister befreit die Seele durch seine persönliche Führung von der schweren Last der Materie, löst sie von den Sinnesempfindungen, sammelt ihre sonst stets zerstreute Aufmerksamkeit und konzentriert sie an ihrem Zentrum hinter den Augenbrauen, wodurch sie fähig wird, ein wenig vom Licht Gottes zu sehen und *Shabd*, die Stimme Gottes, zu hören. Beide Erfahrungen können im Laufe der Zeit durch Übung entfaltet werden.

Danach fühlt sich der Schüler von jener magnetischen Kraft, dem Klangstrom, angezogen, der ihn Schritt für Schritt zu seinem letzten Ziel hinaufführt. Dies ist ein praktischer Pfad, und bloßes theoretisches Wissen von dieser Wissenschaft ist von keinem Nutzen.

Eine ethische Lebensführung ist ein Meilenstein zur Spiritualität. Der Meister leitet den Schüler an, ein ethisches Leben zu führen und sich von materiellen und weltlichen Wünschen zu lösen. Die Loslösung ist notwendig, damit der Ergebene sich vervollkommnen kann. Die Arbeit des Meisters hinsichtlich der ethischen Vervollkommnung seiner Schüler richtet sich daher nach den individuellen Neigungen und Schwierigkeiten der Menschen und fällt bei jedem unterschiedlich aus. Er führt den Ergebenen zur Reinheit in Gedanken, Worten und Handeln und damit zu einem wahrhaftigen Leben.

Selbsterkenntnis geht der Gotterkenntnis voraus. Unsere Seele verband sich mit dem Körper und verlor durch diese Verschmelzung ihre ursprüngliche Identität. Es steht geschrieben: "Was wird es dem Menschen nützen, wenn er die ganze Welt gewinnt, aber sein Leben verliert?" (Matthäus 16,26). Die Arbeit des Meisters beginnt deshalb damit, die Seele vom Körper zu lösen und sie in die "zehnte Tür" oder die "enge Pforte" oberhalb der Sinne emporzuziehen. Erfährt sich die Seele dort erst einmal als unabhängig vom Körper, so weiß sie fortan, daß sie eine eigenständige Existenz hat. Dieser Vorgang vollzieht sich unwillkürlich beim Tod, der Meister lehrt uns jedoch, ihn willentlich durchzuführen, während wir noch im Körper leben. Wir lösen die Seele oder das Bewußtsein nur für eine Weile vom Körper und kehren dann wieder in ihn zurück. Guru Nanak sagt:

> Nur der praktiziert Yoga, der stirbt, während er lebt, und der in den Körper zurückkehren kann.

Der Meister lehrt also, indem er die Seele zur Meditation verhilft und sie mit Gottes Offenbarungen segnet. Nach und nach gelingt es der Seele, ihre verschiedenen Hüllen abzuwerfen und schließlich so rein, unbelastet und frei zu werden, daß sie voller Freude ausruft: "Ich bin Geist!" Danach übt sich die Seele in der Gotterkenntnis, in die der Pfad der Spiritualität einmündet, bis sie selbst göttlich wird.

Hat der Hirte ein verlorenes Schaf in seine Obhut und seine Herde aufgenommen, trägt er von da an die ganze Verantwortung. "Einmal ein Meister – immer ein Meister" ist ein wohlbekannter Spruch. Wer auf der Erde ein vollendeter Meister ist, der ist es auch in den unterschiedlichen Regionen feinstofflicher, kausaler und noch höherer Natur. Er ruht nicht, bis er die Seele sicher ins höchste Reich Gottes zurückgebracht hat. Wie die Heimreise und der Fortschritt des Schülers auf seinem Pfad jeweils aussehen, liegt ganz im Ermessen des Meisters, und er allein entscheidet über Zeitpunkt und Reichweite eines jeden Schrittes zu Gott.

Der Meister ist das personifizierte *Wort* und ist daher durch die göttlichen Offenbarungen mit dem Schüler in ständiger Verbindung. Durch den Offenbarungsstrom enthüllen sich ihm dessen Karmas, so daß der Meister ihm in Abstimmung auf seine ganz persönlichen Bedürfnisse göttliche Offenbarungen der einen oder anderen Art und dieser oder jener Stufe gewährt. Mit Hilfe der gezielt eingesetzten göttlichen Offenbarungen entfernt der Meister die Hüllen der Täuschung von der Seele des Schülers, und so gewinnt sie ihre ursprüngliche Gestalt zurück. Langsam aber sicher schreitet die Seele auf dem Pfad fort und erfährt bei jedem Schritt die Hilfe des Meisters.

XVII.

Der Guru ist der Gottmensch

Der vollendete Meister ist die vollkommene Manifestation Gottes. Er ist der Pol, durch den Gott Seinen Erlösungsplan ausführt. Er birgt alle göttlichen Offenbarungen in sich und ist von Gott bevollmächtigt, sie den Schülern weiterzugeben. Gott Selbst wirkt stets durch die Gottmenschen zum Wohl der Menschen – es gibt keinen anderen Weg zur Barmherzigkeit und Gnade Gottes als über den Gottmenschen. Dieses Prinzip findet beim Propheten Amos (3,7) Ausdruck:

> Gott der Herr tut nichts, ohne Seinen Plan Seinen Knechten, den Propheten, zu offenbaren.

Das Erlösungswerk des Meisters ist somit Gottes Werk. Gott hat den Menschen nach Seinem Bilde geschaffen, und Er führt die Seelen, die sich in der Welt verloren fühlen, durch den Gottmenschen zu Sich zurück. Der Akt des Ungehorsams, den die Menschheit begangen hat, besteht in der Bindung des Gemüts an die Phänomene der materiellen Welt, und er wird ausschließlich durch die Verbindung mit inneren Offenbarungen gesühnt. Der Meister kommt mit dem Schlüssel zum Reich Gottes und schließt es den Menschen auf, die er nach dem Willen Gottes für dessen würdig befindet.

Das *Wort* wird Fleisch und wohnt unter uns. Gottes Licht leuchtet durch seine Augen, Gottes Stimme spricht durch ihn, und Gottes Gnade führt die suchenden Menschen zur Erlösung oder Verschmelzung mit Gott. Er lebt als gewöhnlicher Mensch unter Menschen, teilt ihre Freuden und Sorgen, unterweist sie in der Spiritualität und führt sie auf dem Pfad. Er ruht vollkommen im Vater und führt Seinen Willen aus.

> Alles ist mir von meinem Vater übergeben. Und niemand kennt den Sohn als der Vater; und den Vater kennt niemand als nur der Sohn und wem der Sohn es offenbaren will. (Matthäus 11,27)

Ähnlich erklärt Maulana Rumi:

> Im Meister sind Gott wie auch der Mittler vereint. In Wahrheit besteht nicht der geringste Unterschied zwischen beiden. Verbanne jeden Gedanken an die Dualität, denn sonst verlierst du dich in Hirngespinsten, und deine ersten Lektionen in der Spiritualität führen nicht weiter. Wer in ihnen zwei verschiedene Wesen sieht, hat noch nichts vom Meister begriffen oder erkannt.

Der Meister ist die Gestalt des ansonsten gestaltlosen Gottes – die Erscheinungsform, die wir sehen und mit der wir in Beziehung treten können. Diese Gestalt ist es, die uns Wissen von Gott gewährt, und es ist eben diese Gestalt, die uns als aus sich selbst erstrahlende Gestalt auf der Reise zu Gott im Innern begleitet und unsere Schritte auf dem Pfad lenkt.

Auf jeder Ebene, von der physischen über die kausale und darüber hinaus, nimmt die strahlende Herrlichkeit des Meisters zu, so daß sich der mit ihm reisenden Seele immer mehr von seiner grenzenlosen Herrschaft und Macht offenbart.

Der Meister lehrt uns, Gott im Innern des menschlichen Körpers anzubeten, indem er uns noch während des Lebens mit Seinen Offenbarungsformen verbindet. Unter der Führung eines solchen vollendeten Meisters wird unser menschlicher Körper zum wahren Tempel Gottes, zur *Kaaba* der Muslime, zum Altar der Christen, zur Synagoge der Juden und zum *Gurdwara* der Sikhs, kurz gesagt: zum wahren Gotteshaus.

In der physischen Welt können wir mit unseren leiblichen Augen um uns her nichts anderes als physische Phänomene sehen. Mit unserem geistigen Auge hingegen sehen wir zunächst die feinstofflichen und dann die kausalen Regionen. Der Herr über alle diese inneren Regionen erfüllt uns mit dem inneren Licht, das die Finsternis zerstreut, so daß sich dem Blick der Seele ein endloses spirituelles Panorama eröffnet, das sie bei jedem Schritt mit neuer Schönheit und Freude erfüllt. All dies bewirkt er durch den Klangstrom oder die Stimme Gottes, deren Klang die spirituell "Toten" mit ewigem Leben erfüllt. Er ist das Bindeglied zwischen einer Seele und der Überseele. Er hat seine Wurzeln in Gott und breitet seine Zweige voller Blüten und Früchte des Paradieses in der ganzen Welt aus, um allen, die zu ihm kommen, spirituelle Nahrung zu geben.

Maulana Rumi sagt dazu:

> Oh Freund, setze dich zu einem, der den Zustand deines Herzens kennt (und es heilen kann). Ruhe eine Weile unter dem Schatten eines mit frischen, duftenden Blüten beladenen Baumes. Schlendere nicht auf dem Markt von Geschäft zu Geschäft, wie es die Müßiggänger tun, sondern eile geradewegs zu dem, der Honig verkauft.
>
> Oh tapfere Seele, halte dich fest am Gewand dessen, der mit den verschiedenen Ebenen, der physischen, der mentalen, supramentalen und noch höheren Bereichen wohl vertraut ist und als wahrer Freund bei dir bleiben kann, ob im Leben oder im Tod in dieser oder der anderen Welt.

Die Gestalt des Meisters oder Gott im Menschen – sei es die physische oder die aus sich selbst leuchtende Gestalt – steht uns auf unserem ganzen Weg zu Gott zur Seite und ist daher weit mehr unserer Verehrung wert als der unsichtbare, in sich selbst ruhende Gott jenseits unserer Erfahrung.

Wenn der *Sat Guru* oder Meister der Wahrheit die Seele im *Gaggan* (dem Sitz der Seele im Dritten Auge) in Empfang nimmt, offenbart er ihr nach und nach die manifesten Formen Gottes und führt den Schüler auf diese Weise zu Gott. Dies ist die Aufgabe jedes vollendeten Meisters seit der Schöpfung der Welt gewesen, und daran wird sich bis zum Ende der Welt nichts ändern. Gott Selbst enthüllt uns im Gewande der Heiligen und Propheten Sein ursprüngliches Wesen. Guru Amar Das erklärte daher:

> Es ist der wichtigste Grundsatz Gottes, daß niemand ohne einen Meister der Wahrheit auch nur an Ihn denken kann.

Und ähnlich lesen wir bei Kabir:

> Der Meister ist größer als Gott. Denkt sorgfältig über diesen Ausspruch nach. Hingabe an Gott hält einen Menschen auf dieser Seite (im physischen Bereich) gefangen; die Hingabe an den *Guru* jedoch bringt ihn zu Gott hinauf.

Es mag schockierend klingen, wenn Kabir behauptet, der Meister sei größer als Gott. Was er damit sagt, ist lediglich, daß es uns von keinerlei Nutzen ist, Gott durch blinde Vorstellung, Betrachtung oder durch äußere Rituale anzubeten, denn Vorstellungen in unserem eigenen Gemüt können uns niemals über uns selbst hinaus führen. Der Gottmensch segnet dagegen den ihm ergebenen Schüler mit Offenbarungen des wirklichen Gottes und führt ihn so von Angesicht zu Angesicht mit dem lebendigen Gott zusammen. Auf diese Weise bringt er das sich unaufhaltsam drehende Rad der Geburten und Tode zum Stillstand. Auch wenn die Überseele unmittelbar in uns gegenwärtig ist, könnte sie sich niemals der Seele direkt mitteilen, sie über die physische Ebene hinausführen und befreien, denn der Mensch kann zunächst nur auf seiner eigenen, auf die empirische Welt beschränkten Ebene Vertrauen zu einem höheren Wesen fassen. So bedürfen wir zunächst der Begegnung mit einem menschlichen Lehrer, zu dem wir Vertrauen fassen, so daß wir uns gerne und freiwillig seiner Führung in das unbekannte Gebiet von *Shabd* oder dem wirkenden *Wort* überlassen. Auf diese Weise werden wir Wunder wirken.

> Ohne das *Wort* kann man (der Knechtschaft) nicht entrinnen.
> Das personifizierte *Wort* ist der Meister, und er kann es in uns offenbaren.
> Gott mag uns den Rücken kehren, ohne daß wir uns darum bekümmern; wendet sich aber der Meister ab, bleibt niemand, der uns versöhnen könnte. (Kabir)
>
> Wenn wir Shiva erzürnen, kann uns der Meister mit ihm aussöhnen; wer könnte aber die Neigung des Meisters zurückgewinnen?

In diesem Zusammenhang singt die gottergebene Sehjo Bai von der Größe ihres Meisters, Charan Das:

> Ich mag Gott aufgeben, kann jedoch nicht für einen Augenblick den Meister vergessen, denn Gott selbst kommt ihm nicht gleich.
>
> Gott entsandte mich in die Einöde der Welt, der Meister jedoch hat dem endlosen Kreislauf der Seelenwanderung ein Ende gesetzt.
>
> Gott hat mir die fünf tödlichen Sünden (Wunschhaftigkeit, Ärger, Gier, blinde Leidenschaft und Egoismus) an die Fersen geheftet, doch der Meister erbarmt sich meiner Hilflosigkeit und bewahrt mich vor ihnen.
>
> Gott verstrickte mich in die Familienbande, aber der Meister

trennte sie entzwei.

Gott setzte mich Krankheit, Verfall und Tod aus, der Meister aber befreite mich durch seine spirituelle Kraft daraus.

Gott verstrickte mich von Kopf bis Fuß in das Netz karmischer Rückwirkungen, bis der Meister mir mein wahres Wesen offenbarte – und so habe ich nun herausgefunden, daß ich Seele bin, der Geist des Universums.

Gott in mir verbarg Sich hinter einem Schleier, doch der Meister hat mir mit seiner Fackel der Wahrheit Gott enthüllt.

Gott schuf Knechtschaft und Erlösung gleichermaßen, der Meister setzte diesem ganzen trügerischen Wahn ein Ende.

Ich würde selbst meinen Körper und meine Seele Charan Das, meinem Meister, zu Füßen legen. Eher opferte ich Gott um des Meisters willen.

XVIII.

Guru Dev
Die selbstleuchtende Gestalt des Meisters

Der Begriff *Dev* leitet sich von der Sanskrit-Wurzel *div* ab, was "Licht" bedeutet. *Dev* bedeutet somit "Gott" oder "Gottheit", da Gott allein aus sich selbst leuchtet, und der Begriff *Guru* bezeichnet einen Menschen, der die Dunkelheit bzw. die Täuschung zerstreut. *Guru Dev* ist demnach Gott in personifizierter Gestalt. Der Meister erscheint dem Ergebenen in der Meditation in seiner bewußten, göttlichen Gestalt, um ihn auf dem inneren Pfad zu führen.

Die mystische Literatur schildert, wie die Strahlkraft des Meisters im Innern sich über eine unglaubliche Weite erstreckt. So berichtet auch Tulsi Sahib, die Fußnägel des Meisters erstrahlten wie Juwelen in der Dunkelheit. Eine solche Beschreibung bezieht sich nicht auf die physische Gestalt des Meisters, sondern auf die spirituelle Kraft, die er ausstrahlt und die der empfängliche Schüler aufnimmt. Wer diese Beschreibung liest, bezieht sie womöglich auf einen physischen Gegenstand, während es sich in Wahrheit um die Strahlkraft des göttlichen *Wortes* handelt, die durch einen menschlichen Pol wirkt:

> Gleißendes Licht flutet von den Fußnägeln des Meisters und erleuchtet die ganze Seele des Ergebenen.

Und Maulana Rumi sagt darüber:

> Wenn das Licht des Meisters in der Seele dämmert, erschließen

sich einem die Geheimnisse beider Welten.

Ein wirklicher *Guru* ist die wahre Manifestation Gottes. Er ist *Satguru* oder Meister der Wahrheit und offenbart den Menschen das Licht der Wahrheit.

> Oh Nanak, der *Guru* ist der *Satguru*; ich möchte die Füße des *Satguru* in Ehrfurcht berühren.

Der Begriff *Guru Dev* bezieht sich auf die selbstleuchtende Gestalt des Meisters, die unabhängig von seinem physischen Körper und diesem weit überlegen ist und die der Geist mit dem inneren geistigen Licht wahrnimmt. Wenn dem Geist der astrale Meister von Angesicht zu Angesicht erscheint, verschwinden alle Zweifel, und alle seine Mühen werden mit dem höchsten Gut des Lebens gekrönt.

> Der *Guru Dev* schenkt euch das Augenlicht. Alle Zweifel lösen sich in nichts auf, und die Liebesmühen werden mit Gottes Herrlichkeit belohnt.

Jesus Christus erklärt im Evangelium:

> Wenn dein Auge einfältig ist, so wird dein ganzer Leib licht sein. (Matthäus 6,22)

Guru Arjun Dev bezeugt, daß die gesegnete Gestalt des Meisters sich in der Stirn eines Ergebenen enthülle.

> Die gesegnete Gestalt des Meisters ist in meiner Stirn. Wenn immer ich nach innen schaue, erblicke ich sie dort.

Ganz ähnlich erklärt ein muslimischer Heiliger:

> Das Bild des Geliebten findet sich im Spiegel meines Herzens. Ich sehe ihn, wenn ich den Kopf nur ein wenig nach unten neige.

Das leichte Neigen des Kopfes steht hier bildhaft für die Befreiung vom Stolz und die vollkommene Ergebenheit zu den Füßen des Meisters. Das vom Ego gequälte Herz macht es der Seele sehr schwer, im Innern zu verweilen, aber wir können mit dem Meister in uns leicht in Verbindung kommen, wenn wir uns vom Stolz frei machen.

Der Meister ist in seiner wahren Gestalt das göttliche *Wort* selbst, und in dieser wahren Gestalt führt er die Seele nach und nach zu Gott, wobei er ihr hilft, Hindernisse zu überwinden und das Anhaften an materielle und physische Freuden hinter sich zu lassen. Es gibt keinen Unterschied zwischen *Guru, Guru Dev* und *Satguru*. Es ist derselbe große Strom göttlicher Barmherzigkeit, der zu unterschiedlichen Zeiten verschiedene Namen empfing. Der *Guru* ist Gott in menschlicher Gestalt, und er ermöglicht uns, Gott als Mensch unter Menschen zu begegnen.

Gleiches zieht Gleiches an, und so nimmt der göttliche Strom auf der physischen Ebene in der Person des Meisters materielle Gestalt an, so daß er wie jeder andere Lehrer auch durch das gesprochene Wort spirituelle Unterweisungen geben kann. Sobald der Geist des Suchers sich über den Körper erhebt und für die Reise durch die astralen und feinstofflichen Ebenen bereit ist, nimmt derselbe göttliche Strom zum Wohl der Seele und zu ihrer Führung eine feinstoffliche Gestalt an.

Diese feinstoffliche oder selbstleuchtende Gestalt des *Guru* nennen wir *Guru Dev*. Sie ist von einer unvorstellbar weitreichenden Leuchtkraft. Der *Satguru* oder Meister der Wahrheit ist die höchste göttliche Kraft, die durch einen meschlichen Lehrer wirkt. Er ruht fest in *Sat* oder der Wahrheit und bezieht seine Inspiration stets von der ewigen und unwandelbaren Gegenwart, weshalb er als *Satguru* bezeichnet wird. So sehen wir, wie der *Sat Dhara* oder der Strom von *Sat* herabfließt und dabei bis hinab zur physischen Welt eine Region nach der anderen hervorbringt.

Derselbe Strom hilft den verkörperten Seelen, wieder zu Gott zurückzukehren, und wird daher entsprechend den unterschiedlichen Ebenen, auf denen er sich der Seele enthüllt, als *Guru, Guru Dev* und *Sat Guru* bezeichnet, bis die Seele die Quelle von *Sat* erreicht hat und voller Staunen ausruft: *"Wah-i-Guru* – Wie herrlich bist du!" Fürwahr unbeschreiblich und unfaßbar! Deshalb heißt es im *Gurbani*:

> Der *Guru Dev* ist der *Satguru, Par Brahm* und *Parmeshwar*. Oh Nanak, dem *Guru Dev* zu huldigen bedeutet, *Hari* oder Gott zu huldigen.

Diese Wahrheit *(Sat)* ist mit dem *Guru,* der auf der physischen Ebene wirkt, identisch. Deshalb heißt es:

> Gesegnet ist die physische Gestalt des Meisters, die randvoll mit der ganzen Kraft von oben angefüllt ist.
>
> Die Größe des Meisters ist unbeschreiblich und jenseits aller Vorstellungen, denn er ist *Par Brahm* und *Parmeshwar*, jenseits aller Vorstellungen und allen Wissens.
>
> Den *Guru Dev* kann man weder kennen noch ermessen. Indem man seinen Geboten folgt, kann man weit in die Geheimnisse der Vergangenheit, der Gegenwart und der Zukunft vordringen. Es ist allein seiner Gnade zu verdanken, wenn man etwas von dem Unbekannten und Unerkennbaren zu verstehen beginnt.

In der physischen Welt handelt der Meister wie ein einfacher Mensch. Dabei stellte er keinerlei Wunder zur Schau, wirkt jedoch auf wunderbare Weise. Wenn die Seele sich in die zehnte Tür in der Stirn erhebt und auf ihrer inneren Reise weiter fortschreitet, kommt ihr der Meister als die Manifestation des *Wortes* in seiner feinstofflichen Gestalt entgegen. Hier ist er das verbindende Glied der physischen Person und der Manifestation göttlichen Bewußtseins, die den Schüler weiter zu Gott führt.

Der *Guru Dev* empfängt die Seele an der Schwelle zwischen der physischen Welt und den geistigen Regionen und geleitet sie durch die Sterne, die Sonne und den Mond hindurch. Die göttlichen Manifestationen geleiten den Ergebenen auf seiner ganzen inneren Reise. Da sie dabei auf jeder Stufe den Durst und den Hunger der Seele stillen, werden sie in den Veden als *Devian* und *Pitrian* bezeichnet. Die innere Vision des Meisters gleicht genau seiner physischen Gestalt, ist jedoch ungleich schöner, leuchtender und von magnetischer Anziehungskraft.

> Durchquert die Seele auf ihrer inneren Reise eine Bewußtseinsebene und gelangt in die nächst höhere, so wirft sie dabei jedes Mal weitere Hüllen der Täuschung ab, so daß ihre Empfänglichkeit für die höheren spirituellen Offenbarungsformen des Meisters im selben Maße wächst. Auf der ersten inneren Ebene erscheint der Meister in einer Lichtgestalt, die eine einzigartige Anziehungskraft auf den Schüler ausübt. Auf der zweiten Ebene offenbart er sich der Seele als die Manifestation des Klangstroms, der den Ergebenen emporzieht. Auf der dritten Ebene ist die Gestalt des Meisters voller Seligkeit und die Quelle von Freude und Glück, und der Schüler erfährt diese beseligende Ausstrahlung sowohl von der inneren Offenbarung als auch der physischen Gestalt des Meisters. Obgleich der Meister im physischen Gewand niemals etwas anderes als das fleischgewordene *Wort* ist, erfährt es der Schüler nun aufgrund seiner gewachsenen Empfänglichkeit auf andere Weise.
>
> Die gesegneten Füße des geliebten *Guru Dev* werden von den Heiligen verehrt, den Geliebten Gottes.

Khwaja Moin-ud-din Chishti spricht ebenfalls von der selbstleuchtenden Gestalt des Meisters:

> Oh Meister, die Sonne kann dem Glanz deines Antlitzes nicht standhalten.

> Auch der Mond hat sich in Wolken gehüllt, um deinem blendenden Licht zu entfliehen.
> Die Sonne borgte sich ihre Strahlen vom Staub deiner Füße und schlug ihr goldenes Zelt am blauen Firmament auf. Erreichte nur ein einziger Strahl von deinem Antlitz den Himmel, die Sonne müßte sich voll Scham hinter einem Schleier verbergen. In der Person des *Nabi* (Propheten) hat das Licht Gottes leibliche Gestalt angenommen, so wie das Licht der Sonne im Mond.

Auch Maulana Rumi bezieht sich auf die selbstleuchtende Gestalt seines Meisters, wenn er sagt:

> Was weißt du schon vom König der Könige, der mein Gefährte ist?
> Wirf einen Blick in mein Inneres, und lasse dich nicht durch mein Äußeres täuschen.

In der Johannes-Offenbarung finden wir eine ganz ähnliche Beschreibung der strahlenden Gestalt im Innern:

> Ich war im Geist ... und hörte hinter mir eine mächtige Stimme, wie die einer Posaune. ... Da wandte ich mich um, die Stimme zu sehen, die mit mir sprach. Und wie ich mich umgewandt hatte, sah ich ... einen gleich einem Menschensohn, angetan mit wallendem Gewand und um die Brust gegürtet mit goldenem Gürtel. Sein Haupt aber und seine Haare waren weiß wie schneeweiße Wolle und seine Augen wie eine Feuerflamme; und seine Füße glichen dem Glanzerz, das im Ofen glüht, und seine Stimme klang wie das Rauschen vieler Wasser ... und sein Angesicht war, wie wenn die Sonne scheint in ihrer Kraft.
> (Offenbarung 1,10;12-16)

> Danach hatte ich ein Gesicht. Und siehe, eine Tür war aufgetan im Himmel, und die erste Stimme, die ich wie Posaunen-

> schall hatte mit mir reden hören, sprach: Steige hierher empor, dann will ich dir zeigen, was nachher geschehen muß. (Offenbarung 4,1)

Im *Sar Bachan* von Soami Ji Maharaj finden wir einen ähnlichen Hinweis:

> Von ungekannter Schönheit war die Gestalt; keine Worte könnten diese Herrlichkeit beschreiben.

Der berühmte mystische Dichter Hafiz schildert:

> Wie den neugeborenen Mond nur die sehen können, deren Auge ungetrübt ist, so enthüllt sich nicht jedem Auge Seine Pracht.

Die astrale Gestalt des Meisters ist unveränderlich und unvergänglich. Es ist die Gestalt, welche die Ergebenen an ihr Ziel bringt.

> Der *Guru Dev* ist am Anfang der Schöpfung. Er ist am Anfang eines jeden Zeitalters und währt von einem Zeitalter zum anderen. Allein durch den *Guru Dev* erreicht man *Hari*.

Guru Arjan sagt vom *Guru Dev*:

> Heil dem ewigen *Guru* (*Har Rai*);
> heil dem *Guru* des Zeitalters (*Sat Purush* oder *Ram Rai*);
> heil dem *Satguru* (der Manifestation des *Sat Purush*); und
> heil dem *Guru Dev* (der strahlenden und selbstleuchtenden Gestalt des *Guru*, dem Bindeglied zwischen *Guru* und *Satguru*, das eine Seele durch die unterschiedlichen Ebenen geleitet).

Allein durch die tatsächliche Erfahrung von göttlichen Offenbarungen im Innern kann unsere Seele im Meister die bewußte spirituelle Kraft sehen, anstatt nur einen physischen Menschen zu erblicken, denn nun hat sie auf ihrer spirituellen Reise seine beschützende, fürsorgliche Hand erfahren. Der *Guru Dev* ist die größte und höchste Manifestation des *Sat Purush*. Er ist die kontrollierende Kraft Gottes und kann Erlösung gewähren. Durch die Hingabe an ihn empfängt man alle Segnungen. Allein *Sat* ist der *Guru Dev,* alle Anbetung außer von ihm ist Trug.

Guru Arjan besingt in eindringlichen Worten die Größe des *Guru Dev:*

> *Gurudeva* ist der Vater; *Gurudeva* ist die Mutter; er ist der Meister und Gott selbst;
> *Gurudeva* ist ein wahrer Freund; er zerstreut das Dunkel der Unwissenheit und sprengt alle Ketten;
> *Gurudeva* spendet *Naam*, dessen Klang alles Böse vertreibt;
> *Gurudeva* ist die Verkörperung von Frieden, Wahrheit und Erkenntnis, ein wahrer Stein der Weisen;
> *Gurudeva* ist ein Pilgerort, Quelle des Lebenselixiers und Licht des Erkennens;
> *Gurudeva* gebietet alles, vernichtet die Sünde und reinigt die Sünder;
> *Gurudeva* ist ewig vom Beginn der Schöpfung und jedes Zeitalters, und sein Wort ist von erlösender Gnade;
> *Gurudeva* ist die größte Gabe Gottes, die, wird sie gewährt, die schlimmsten Sünder erlöst;
> *Gurudeva* ist *Satguru, Par Brahm* und *Parmeshwar*.
> Heil ihm, oh Nanak!

Im *Gurbani* wird der unermeßliche Segen beschrieben, den man empfängt, wenn man dem *Guru Dev* begegnet:

> Die fünf Todsünden – Wunschhaftigkeit, Ärger, Verhaftetsein, Begierde und Egoismus – lösen sich in nichts auf.

Myriaden karmischer Eindrücke aus zahllosen Zeitaltern werden vernichtet. Er zieht eine Seele über Körper und Gemüt empor und erhebt sie zu kosmischem Bewußtsein, wo sie dem Feuer der Welt entrückt ist, in dem die ganze Menschheit leidet. Selbst in der Welt erfüllen sich alle Wünsche der Seele. Ihr weiterer Weg ist nun sanft und eben.

In diesem *Kali Yuga* (eisernen Zeitalter), in dem das Böse und die Finsternis vorherrschen, dient der Meister als Leitstern. Aus Mitleid mit der leidenden Menschheit eilt der Meister mit seiner bewußten Gestalt den Seelen zu Hilfe, die sich in den materiellen Reizen der Welt und in ehrgeizigen intellektuellen Bestrebungen verirrt haben. Der Meister ist voller Barmherzigkeit und gewährt seine Führung nach dem individuellen Bedarf der Schüler.

Der *Guru Dev* offenbart sich allein durch die Gnade Gottes und nur dem, der sich durch seinen besonderen Fortschritt auf dem spirituellen Pfad als ihrer würdig erweist.

XIX.

Der vollendete Meister

Um vollen Nutzen aus *Para Vidya* (der Wissenschaft der Spiritualität) zu ziehen, ist die Anleitung durch einen lebenden Meister in der Kunst und Wissenschaft der Spiritualität unabdingbar. Die Kunst besteht in den theoretischen Erklärungen und die Wissenschaft in der praktischen Übung der Spiritualität. Ein vollendeter Meister muß daher in der Lage sein, den Verstand des Schülers durch logische theoretische Darstellung der Spiritualität zu überzeugen und ihn danach praktisch und unmittelbar durch die inneren Ebenen zu führen. Der Meister ist mit dem inneren Weg vollkommen vertraut und daher in der Lage, andere Seelen darauf zu führen. Wer einen Weg nicht selbst zurückgelegt hat, kann unmöglich andere darauf geleiten. "Wenn der Blinde den Blinden führt, fallen beide in den Graben."

Um die Lehre der Meister zunächst einmal in der Theorie zu verstehen, genügt ein Heiliger, der sie uns aus eigener Anschauung darlegen kann; die praktische innere Führung jedoch können wir nur von einem *Guru* erlangen, der von Gott beauftragt wurde, die Menschen zu ihm zurückzuführen. Ein Heiliger, der selbst die Vollendung erreicht hat, kann andere durch seine Worte anleiten und inspirieren, wohingegen es dem Meister vorbehalten ist, die Initiation auf den inneren Pfad und weitere Führung auf der inneren Reise zu gewähren, da allein er dazu von Gott beauftragt wurde. Um vollständige Erlösung vom Rad der Geburten und Tode zu finden, bedürfen wir eines vollendeten Meisters, der theoretische Anleitung, die praktische Initiation und die innere Führung auf dem spirituellen Pfad gewährt.

Ein vollendeter Meister trägt kein Erkennungszeichen an seiner Person. Allein durch den persönlichen Kontakt beginnt man allmählich etwas von seiner Größe zu begreifen, so wie ein Student die Kompetenz seines Lehrers immer besser erkennt, je weiter er mit seinen Studien fortschreitet.

Auch ein Meister kann seine Größe nicht auf einmal enthüllen, sondern nur allmählich und in dem Maße, wie der Schüler nach Gott strebt und auf dem Pfad fortschreitet. Der Meister fängt wie ein gewöhnlicher Lehrer an und gibt seine Anweisungen wie ein Freund oder Gönner. Im Laufe der Zeit offenbart er die Autorität eines *Murshid* oder Meisters auf dem Pfad, bis die Seele ihn schließlich als *Satguru* oder Meister der Wahrheit vollkommen in *Sat* oder der Wahrheit ruhend sieht; bis sie zu einer Stufe gelangt, auf der er und Gott so miteinander verschmelzen, daß man nicht den geringsten Unterschied zwischen ihnen sieht.

XX.

Wie findet und erkennt man einen vollendeten Meister?

Einen vollendeten Meister zu finden ist nicht so leicht, wie es scheinen mag. Da wir beständig im Bereich der Sinne leben, fehlt uns der Blick, um den menschlichen Pol zu erkennen, von dem aus die Gotteskraft in der Welt wirkt. Doch wo ein Wille ist, da ist ein Weg. Das einzige, was ein Sucher mitbringen muß, sind Aufrichtigkeit und Zielstrebigkeit, große Sehnsucht und der brennende Wunsch nach dem Herrn. Wo Feuer ist, kommt Sauerstoff von selbst zur Hilfe. Das Prinzip von Bedarf und Versorgung wirkt gleichermaßen in allen Lebensbereichen, vom physischen bis zum spirituellen. Es gibt immer Nahrung für die Hungrigen und Wasser für die Durstigen.

> Bittet, und es wird euch gegeben werden. Suchet, und ihr werdet finden. Klopfet an, und es wird euch aufgetan werden. (Matthäus 7,7)

> Niemand kann zwei Herren dienen. Denn entweder wird er den einen hassen und den anderen lieben, oder er wird dem einen anhangen und den anderen verachten. Ihr könnt nicht Gott dienen und dem Mammon. (Matthäus 6,24)

In der Bibel heißt es nämlich auch:

> Ich, der Herr, dein Gott, bin ein eifernder Gott ... (2. Mose 20,5)

Wie Gott selbst, so erwartet auch der Gottmensch von denen, die ihn lieben, eine ausschließliche und uneingeschränkte Liebe, und solange man nicht bereit ist, alles – Körper, Gemüt und Besitz – hinzugeben, öffnet sich weder der Weg zum Herrn, noch können wir dem Gottmenschen nahe sein, der uns diesen Weg offenbart.

"Wenn der *Chela* (Schüler) bereit ist, erscheint der *Guru*" ist das Gesetz Gottes. Aufgrund seiner guten Karmas aus der Vergangenheit ist es dem Schüler vorherbestimmt, den spirituellen Pfad aufzunehmen. Wie könnte andernfalls ein gänzlich in die Welt verstrickter Mensch aus eigener Kraft zum Meister finden?

> Niemand kann zu mir kommen, wenn ihn nicht der Vater, der mich gesandt hat, zieht ... (Johannes 6,44)

Die von Gott dazu Auserwählten werden von selbst zum Gottmenschen hin gelenkt, oder der Gottmensch seinerseits findet sie, wo auch immer sie sich gerade befinden.

Genausowenig ist es dem Menschen gegeben, den Gottmenschen völlig zu begreifen. Wir konnen nur soviel von seiner Größe erkennen, wie er uns wissen läßt. Er allein bestimmt, zu welcher Zeit und in welchem Maße jeder fortschreitet, und dementsprechend enthüllt er uns nach und nach soviel von seinem spirituellen Reichtum, wie er es wünscht. Dies geschieht nach und nach und so weit, wie er uns befähigt, davon aufzunehmen, zu verstehen und zu bewahren. Während man mit ihm als Gefährten auf der inneren Reise fortschreitet, erfährt man immer mehr von ihm, da man das Wirken seiner Kraft nun auf allen inneren Ebenen bis hin zur rein spirituellen Region (*Muqam-i-Haq* oder *Sach Khand*) und damit in seiner ursprünglichen Manifestation (*Ek-Ankar*) erfährt.

Auf der physischen Ebene ist er das fleischgewordene *Wort,* das entsprechend den Gesetzen der irdischen Welt unter uns wohnt und uns wie jeder andere weltliche Lehrer unterrichtet. Freilich lehrt er uns nicht diese Welt, sondern eine davon gänzlich verschiedene Welt, die aus sich selbst leuchtet und von zahllosen Sternen, Monden und Sonnen übersät ist. Während er scheinbar Freud' und Leid in der Welt mit uns teilt, steht er doch weit über der Dualität, gewährt uns immer wieder seine spirituellen Instruktionen sowohl im Äußeren als auch im Innern; er ermutigt uns bei jedem Schritt mit seinen Worten der Weisheit und inspiriert uns auf mannigfaltige Weise, Gott zu lieben und Ihn zu rühmen.

> Wie gütig der Meister auch immer ist, keiner hat ein Recht auf seine Gnade; seine Gnade fließt allen gleichermaßen zu, doch erhält sie jeder, wie er es bestimmt.
> Der *Satguru* ist die personifizierte Wahrheit und weiß um alles und jedes; wenngleich allem innewohnend, steht er doch über allem Lob und Haß.

XXI.

Sein Leben und Wirken

Leben und Wirken eines vollendeten Meisters zeichnen ihn als eine einzigartige Persönlichkeit vor allen anderen Menschen aus.

• Er ist immer der Gebende und nie der Empfangende. Niemals erwartet er den geringsten Dienst von seinen Anhängern. Er verdient seinen Lebensunterhalt selbst und fällt niemandem zur Last. Seine gesamten persönlichen Ersparnisse, falls er über solche verfügt, verwendet er dazu, die Not der Bedürftigen zu lindern.

> Berühre nicht die Füße eines Menschen, der von den Spenden anderer lebt;
> Oh Nanak, wer sein Brot selbst verdient und den Bedürftigen hilft, kennt den Pfad.

• Er läßt sich die spirituelle Unterweisung, die er gibt, nicht bezahlen. Vielmehr gewährt er Spiritualität als kostenlose Gabe Gottes, genauso wie Licht und Luft als Gottes Geschenk allen gleichermaßen und kostenlos zur Verfügung stehen.

• Er ist die lebendige Verkörperung der Demut. Auch wenn seine Kräfte und seine Größe Gott gleichkommen, nimmt er kein Verdienst für sich selbst in Anspruch, sondern schreibt alles Gott oder seinem eigenen Meister zu. Wie der fruchtbeladene Ast eines Baumes neigt er sich zu den Geringsten herab und bewegt sich mit einer ihm eigenen schlichten Würde.

Wer sich selbst als den Geringsten erachtet, ist tatsächlich der Höchste.

• Er lebt mit allen in Frieden und grollt keinem. Lächelnd vergibt er allen, die schlecht von ihm sprechen, und sieht über die Fehler anderer hinweg. Seine Liebe schließt die ganze Menschheit ein. Christus gleich verkündet und praktiziert er die Kardinaltugend: Liebe deine Feinde!

• Reinheit, Frömmigkeit und Spiritualität quellen aus ihm hervor wie klares, kühlendes und erfrischendes Wasser, das den ausgedörrten Herzen der Sucher Leben bringt, so daß sie unter seiner fähigen Führung glücklich auf dem spirituellen Pfad wandeln.

• Er ist nicht an irgendeiner besonderen Art von Kleidung zu erkennen, sondern er kleidet sich einfach und schlicht. Sein gerader Weg führt einerseits an jeder Art von asketischer Bußübung vorbei und meidet andererseits Pomp und Förmlichkeiten. Seine Lehre steht in Übereinstimmung mit den Prinzipien der Natur, und sie dringen tief in die Seele ein. Die von ihm geforderte spirituelle Disziplin kann jeder, unabhängig von Alter und Geschlecht, üben.

• Er lehnt es stets ab, Wunder zu wirken, um dadurch Menschen anzulocken und ihren Glauben zu gewinnen, so wie es Gaukler tun. Vielmehr hält er seine Schätze in seinem tiefsten Innern verborgen. Falls notwendig, mag er in besonderen Fällen von seinen Kräften Gebrauch machen. Freilich spüren seine Schüler tagtäglich, wie die verborgene Hand des Meisters zu ihrem Nutzen und ihrem Fortschritt wirkt.

XXII

Die physische Gestalt des Meisters

Es gibt keine Besonderheiten oder Kennzeichen an der physischen Gestalt des Meisters. Äußerlich ist er ein gewöhnlicher Mensch wie jeder andere und nicht als Meister zu erkennen. Tulsi Sahib erklärte daher:

> Wer behauptet, er habe den vollendeten Meister erkannt, befindet sich in äußerster Dunkelheit.

Glauben an seine spirituelle Kraft empfangen wir durch seinen physischen Körper nur, indem wir seine besondere Ausstrahlung aufnehmen. Mit der entsprechenden Empfänglichkeit erfüllt diese spirituelle Ausstrahlung unsere Seele, wenn wir ihm persönlich begegnen.

Was seinen Körper betrifft, so leidet er gewöhnlich an keiner Mißbildung oder anderen Mängeln, obwohl es in dieser Hinsicht auch Ausnahmen gibt. So hatte der vollendete Meister Ashtavakra acht Mißbildungen an seinem Körper. Zuweilen sucht ein Schüler nach Schwächen oder Unzulänglichkeiten im Meister, aber ein wachsamer, unvoreingenommener Beobachter wird feststellen, daß die Meister keinerlei Schwächen an sich haben. Die äußere Erscheinung des Meisters ist voller Güte und Würde, auch wenn er sich zuweilen schwach und gering zeigt, um die Aufmerksamkeit der Schüler von seiner physischen Gestalt abzulenken und auf die bewußte göttliche Gegenwart in ihm zu richten. Seine Augen dringen tief ins Innerste des Schülers, und seine Ausstrahlung erreicht den Schüler so, wie es seiner Aufnahmefähigkeit entspricht.

Der Meister ist Gott in personifizierter Gestalt, und so handelt er zuweilen als Mensch, dann wieder als Gott, wie es die Schüler gerade brauchen. Der eine mag seine göttliche Ausstrahlung aus jeder Pore seines Körpers empfangen, während der andere nicht das Geringste an ihm findet. Hafiz, der grosse Sufi-Dichter aus Shiraz, sagt:

> Nähme jene Schönheit von *Shiraz* (dem Meister) mein rastloses Gemüt in seine Obhut, so wollte ich beide Welten (Erde und Himmel) auf dem Altar des wunderbaren Mals in seinem Antlitz opfern.

Wieviel Schönheit man in der physischen Gestalt des Meisters sieht, hängt demnach entscheidend von der Empfänglichkeit des Schülers ab.

XXIII.

Der Einfluß des Meisters

• In seiner Gegenwart wird das Gemüt bezähmt und gefestigt.

> Wie können wir die Nähe eines solchen Menschen genießen, bei dessen Anblick sich das ewig rastlose Gemüt verflüchtigt und die Seele von Lebensimpulsen durchdrungen wird? Der geliebte Meister erweist sich als wahrer Freund und erfüllt uns mit göttlicher Berauschung.

Er strahlt Reinheit und würdevolle Demut aus, die auf die Menschen einen gewaltigen Einfluß ausüben. Seine Worte sind mit Spiritualität aufgeladen; sie ziehen die Seele über das Körperbewußtsein und vermitteln eine Art lebendiger, berauschender Glückseligkeit.

> Würde er seine Geheimnisse enthüllen, würde sich meine Seele eilends zu Gott erheben. (Maulana Rumi)

• Der unverwandte Blick auf seine Stirn und Augen offenbart ein eigentümliches Licht, das die Seele emporzieht und unversehens die überall zerstreuten Sinnesströme sammelt, so daß man sich in einem höheren Bewußtseinszustand befindet.

• Er ist ein Friedensfürst, und steht über jeder Dualität. Die Gemeinschaft mit ihm löst in uns Ströme der Glückseligkeit aus. Sein Einfluß vertreibt in uns alle Gedanken der Feindschaft und Rivalität, verleiht der Seele statt dessen Gleichmut, und führt sie nach und nach zur Gottheit führt. Dies geschieht, indem er die Schüler mit göttlichen

Offenbarungen segnet, dadurch ihre Unwissenheit zerstreut, sie zur Vollendung an Weisheit und im Handeln führt und sie schließlich mit Gott vereint.

> Jener ist der Meister der Wahrheit, in dessen Gemeinschaft man sich gesegnet fühlt. Er macht das Gemüt rein und schenkt der Seele Erlösung.

- Er ist ganz und gar von Gottes Manifestationen erfüllt und strahlt sie aus. Die magnetische Kraft seiner aufgeladenen Worte zieht die Schüler unwiderstehlich an. Er spricht aus der Fülle seines Herzens, und deshalb haben seine Worte eine bleibende Wirkung auf die Schüler. Sein Blick ist von Liebe erfüllt. Selbst durch die physische Gestalt wirkt er mit seinem göttlichen Bewußtsein, so daß sich die Herzen angezogen fühlen.

- Mit seiner bewußten Seele kann er tief in die Herzen der Schüler blicken. Mit Hilfe der göttlichen Manifestationen weiß er um die Gefühle und Emotionen und um das Karma aus der Vergangenheit eines Schülers und unterweist ihn nach seinen individuellen Bedürfnissen, selbst wenn er weit von ihm entfernt ist. Er kennt Vergangenheit, Gegenwart und Zukunft, so daß die physische Hülle seiner Schüler für ihn so durchsichtig wie Glas ist. Obwohl er leicht entdeckt, was sie im Herzen tragen, zeigt er dies nicht offen, sondern behält seine tiefe Kenntnis jedes einzelnen für sich und nutzt sie nur für den spirituellen Fortschritt des Schülers.

So wie Biene und Wespe gleichermaßen den lieblichen Duft einer Blüte auffangen, gilt seine liebevolle Ausstrahlung jedem, der zu ihm kommt. Im Hause des Meisters gibt es alles in Fülle, und jeder bekommt, was er sich wünscht. Jeder, der einem Meister begegnet, empfängt von ihm spirituelle Eindrücke, die früher oder später Frucht tragen müssen. Von dem Augenblick an, da jemand einem Meister begegnet, sind ihm bessere Zeiten gewiß.

• Ein *Sant Satguru* ist wahrhaftig der Sohn Gottes. Er empfindet die gleiche aufrichtige Liebe zu allen Menschen, gleich welcher Religion, Nationalität oder Staatszugehörigkeit. Sein Aufruf gilt daher der ganzen Menschheit.

> Alle sind aus demselben Licht geboren, und so gesehen gibt es keinen Unterschied zwischen den Menschen.
> Oh Nanak, Menschen aller Glaubensrichtungen sammeln sich in der Gemeinschaft des *Satguru.*
> Der *Satguru* ist voller Barmherzigkeit und allwissend. Er behandelt alle gleich und ist für jene da, die ihm Vertrauen schenken.

Weder zerstört er die alte Kirche, noch errichtet er eine eigene. Er ist ein Meister der Wahrheit und kümmert sich nicht darum, welcher Glaubensgemeinschaft jemand angehören mag. Was zählt ist das spirituelle Verlangen, denn allein dadurch eignet sich ein Mensch für den Pfad des Meisters.

> Wenn sich einer an *Shabd* oder dem *Wort* erfreut, vergißt er sich selbst gänzlich.
> Für den Weisen gibt es nur einen Pfad, sei er nun ein *Pandit* oder ein *Sheikh.* (Kabir)

Er spricht unerschrocken über den spirituellen Pfad, der in jedem von uns verborgen ist, und macht keine Unterschiede zwischen den Religionen. Wer die Verbindung mit einem solchen Meister eingeht, ist in der Tat ein Pilger auf dem Pfad und empfängt den größten Segen von ihm. So erklärt auch Maulana Rumi:

> Verlangt es dich nach einer Pilgerfahrt, so mußt du dich einem erfahrenen Pilger als Führer und Gefährten anschließen, gleichgültig, ob er Hindu, Türke oder Araber ist. Sieh' nicht auf sein Äußeres, sondern achte darauf, ob er den Weg gut kennt.

Schließlich sollen wir keine weltliche Beziehung mit dem Meister eingehen. Alles, was wir von ihm brauchen, ist die spirituelle Unterweisung und Führung, und wenn er sie uns geben kann, sollten wir damit zufrieden sein.

• Meisterheilige sind die Manifestation der Gottheit. So wie die himmlischen Wahrheiten sich ihnen still und für andere unsichtbar kundtun, so dringen auch ihre Lehren tief in die Herzen, ohne daß sie ein einziges Wort sprechen müßten.

> Ein *Sheikh* (Meister) ruht Gott gleich im gestaltlosen Jenseits; er vermittelt seine Botschaften, ohne eine einzige Silbe auszusprechen.

Der Meister lehrt in einer Sprache des Schweigens, die weder die unmittelbaren Worte aus seinem Mund noch aufgezeichnete Reden vermitteln können.

> Warum versteht ihr meine Sprache nicht? Weil ihr mein Wort nicht hören könnt! (Johannes 8,43)

Er bedient sich der Sprache der Gedanken. Das aber muß die Seele selbst im Innern erfahren, um es zu verstehen.

Maulana Rumi erklärt:

> Die Seele ist wesenseins mit Gott; sie ist ein Abbild Gottes und kann sich ohne jedes äußere Hilfsmittel (wie die Sprechorgane) ausdrücken.

Auf dem Pfad der Meister spielen die Sinne nur soweit eine Rolle, wie es um die theoretische Unterweisung geht. Auf dem praktischen inneren Pfad geschieht alles durch die göttlichen Offenbarungen, welche die Seele empfängt, nachdem sie sich über das Körperbewußtsein erhoben hat. Freilich besteht der Weg zur spirituellen Vervollkommnung keineswegs nur in der Meditation, denn wie Patanjali sagt, ist Yoga die Vervollkommnung an Weisheit *und* im Handeln. Hier spielt selbstloser Dienst unter der Anleitung des Meisters eine wichtige Rolle, der natürlich den ganzen Körper und alle Sinne in Anspruch nimmt. Der Schüler lernt, wahrhaft selbstlos zu dienen, indem er seinen Körper mehr und mehr unter die Kontrolle des Geistes stellt. Die Bedeutung des selbstlosen Dienstes liegt dabei nicht in der physischen Arbeit als solcher, sondern allein darin, daß der Dienende auf diesem Wege vollkommene Hingabe an den Meister entwickelt und, indem er arbeitet, mit dem inneren Offenbarungsstrom verbunden ist. Überläßt sich der Schüler so der inneren Inspiration und Führung, dann geschieht alles wie von selbst, und auch die Sinne führen nur aus, was von Gott eingegeben wird.

Wer nicht selbst die Reise der Seele unternommen hat, kann die Zeugnisse der Mystiker in aller Welt und in allen Religionen schwerlich begreifen, denn wie könnte er verstehen, daß man ohne die äußeren Sinne und ohne den Körper sehen, hören, sich fortbewegen und empfinden kann?

> Man sieht ohne Augen, hört ohne Ohren, geht ohne Füße, handelt ohne Hände und spricht ohne Zunge; denn dies ist wie der Tod im Leben.
> Oh Nanak, erst dann kann man den kosmischen Willen erfahren und dem Geliebten begegnen.

Maulana Rumi erklärt dasselbe:

> Ich fliege in jene Regionen ohne Flügel, reise dorthin ohne Füße; ich schmecke das Manna und das Elixier ohne Lippen und Gaumen; und ich sehe deren Herrlichkeit, indem ich die Augen schließe.

● Die Schüler müssen nur selten Fragen an den Meister richten, um ihre Zweifel zu zerstreuen, denn dieser erklärt aus eigenem Antrieb

Dinge, die seinen Zuhörern besonders am Herzen liegen.

• Immer und immer wieder kreisen die Lehren des Meisters um das eine Thema: *Naam* oder *Surat Shabd Yoga*. Unmißverständlich erklären sie uns, daß man Gott nicht durch äußere Bestrebungen finden und erreichen kann, denn Er ist der Herr unserer Seele, und so müssen wir Ihn finden, Ihn suchen, indem wir uns nach innen wenden. Das Matthäus-Evangelium bezeugt:

> Wahrlich, ich sage euch, wenn ihr nicht umkehrt (euch nach innen wendet) und werdet wie die Kinder, so werdet ihr nicht in das Himmelreich eingehen. (Matthäus 18,3)

Und auch bei Lukas finden wir bestätigt:

> Wahrlich, ich sage euch: Wer das Reich Gottes nicht annimmt wie ein Kind, der wird nicht hineingelangen. (Lukas 18,17)

Wahrhaft groß ist der Mensch, denn sein Körper ist der Tempel Gottes, und der Gipfel aller Erkenntnis leuchtet darin auf. Nochmals erklärt Lukas:

> Das Reich Gottes kommt nicht so, daß man es mit Augen sehen könnte; ... denn siehe, das Reich Gottes ist inwendig in euch. (Lukas 17,20-21)

Ein Moslem-Heiliger spricht auf ähnliche Weise:

> Das menschliche Herz ist die *Masjid* (Moschee), und der Körper ist der Ort der Verehrung.

Ferner heißt es bei Tulsi Sahib:

> Es ziemt sich nicht für den Geist (die Seele), den Bewohner der von Gott geschaffenen Moschee (des menschlichen Körpers),

auf der Suche nach dem Geliebten in menschengemachten Tempeln herumzuwandern.

Magrabi Sahib erklärt ebenfalls:

Dein Geliebter ist in dir, und du weißt nichts davon. Er ist die Seele deiner Seele, und du wanderst auf der Suche nach ihm im Äußeren umher.

Maulana Rumi sagt in diesem Zusammenhang:

Im Innern deines Kopfes gibt es wundervolle Gärten und Orte voller Schönheit. Falls du dich daran erfreuen willst, so eile zu einem *Murshid* (Meister), damit er dich unterweise.

Jene, die den unvergleichlichen Schatz im Äußeren suchen, befinden sich in völliger Unwissenheit. Im Wüstensand der Welt laufen sie verwirrenden Trugbildern nach, gleich einem Wild, das auf der Suche nach Moschus von einem Busch zum anderen irrt.

Pind (der menschliche Körper) ist das genaue Abbild von *Brahmand* (dem Universum). Derselbe Geist wirkt im Mikrokosmos wie im Makrokosmos. Wir können den kosmischen Geist nicht sehen, wahrnehmen und eins mit ihm werden, solange wir nicht mit dem Geist in uns in Berührung kommen und Harmonie herstellen.

Solange sich die Seele nicht vom physischen Körper lösen und das Gemüt nicht zur Ruhe kommen kann, ist es der Seele unmöglich, sich über den Sinnesbereich zu erheben, göttliche Offenbarungen zu empfangen und mit Gott Botschaften auszutauschen. Dessen ungeachtet suchen wir ständig auf der physischen Ebene nach Gott oder dem universalen Geist. Wir versuchen, Gott im Innern der Erde oder auf schneebedeckten Bergen zu entdecken, im Wasser heiliger Flüsse oder im Wüstensand; wir suchen in von Menschen gebauten Tempeln und Moscheen, in Kirchen und Synagogen; deshalb finden wir Ihn nicht.

Wenn wir den in unserem Körper verborgenen Pfad kennen, dürfen wir hoffen, den Einfluß der großen Kraft im Innern zu erfahren und empfinden. Diese Einkehr ist jedoch nicht ohne die Hilfe von einem Lehrer des *Para Vidya* (der Wissenschaft der Seele) möglich, denn er allein besitzt den Schlüssel zum Reich Gottes, und seine Worte dienen als "Sesam-öffne-dich" und schließen die geheime Tür auf.

> So wie der Meister dich anwies, schaue nur nach innen, und du wirst in dir selbst einen wahrhaften Tempel Gottes finden.

● Die Lehren von Meisterseelen sind vollkommen, und ihre Aussagen lassen sich wie in jeder exakten Wissenschaft nachprüfen. Freilich ist diese Art von Erfahrung und Erkenntnis etwas völlig anderes als intellektuelles Bücherwissen, und genausowenig ist es die bloße Einbildung eines kranken Hirns, wie manche meinen.

Die Heiligen sprechen stets mit Überzeugungskraft und Autorität, da ihre Worte aus der Tiefe ihrer Seele kommen. Sie beziehen ihr Wissen weder aus Büchern, noch beruht es auf Hörensagen. Sie geben uns unmittelbare innere Erfahrungen und damit ein reines, unvermischtes und unverfälschtes Wissen. Auch fordern sie niemals blinden Glauben an ihre Lehren allein aufgrund ihrer Autorität. Vielmehr wird jeder Sucher aufgefordert, das Ergebnis persönlich zu überprüfen.

Die Wahrheit ist etwas, das man hier und jetzt und nicht erst in grauer Zukunft erfahren muß, wie gering diese Erfahrung beim erstenmal auch sein mag. Die Meister durchschauen die Dinge bis auf den Grund, und erst dann reden sie.

> Nanak sieht Gott direkt vor sich.

Shri Ramakrishna wurde von Naren (der später als Swami Vivekananda bekannt wurde) gefragt, ob er Gott sähe, und er anwortete: "Ja, mein Kind, ich habe Gott so gesehen, wie ich dich sehe." – Tatsächlich haben alle Meister die Gesamtheit göttlicher Offenbarungen empfangen. Nachdem sie bis zur höchsten Stufe göttlicher Offenbarungen vorgedrungen sind, gebieten sie über alle Manifestationen Gottes und sind somit zum bewußten Mitarbeiter an Gottes Plan geworden. Shamas-i-Tabriz erklärt:

> Weit besser ist es, Gott mit eigenen Augen zu sehen und Gottes Stimme mit eigenen Ohren zu hören. Seine Herrlichkeit verbirgt sich hinter der Dunkelheit, die zwischen den Augen liegt, und Seine Größe mag man im Innern erfassen.

Im Johannes-Evangelium lesen wir:

> Es kommt die Stunde, und sie ist jetzt da, wo die Toten die Stimme des Sohnes Gottes hören werden; und die sie hören, werden leben. (Johannes 5,25)

Solche großen Seelen sind nicht auf die Schriften oder die heiligen Überlieferungen angewiesen, die schließlich nichts anderes sind als die niedergeschriebenen Erfahrungen von ebenso erhabenen Seelen wie sie. Sie sind die personifizierte Wahrheit, das fleischgewordene *Wort,* das unter den Menschen wohnt. Die Veden und alle anderen heiligen Schriften haben ihren Ursprung im Wissen von Gott, das man im Innern empfängt. Sie geben eine umfassende und vollkommene Beschreibung der göttlichen Weisheit, und solche Zeugnisse sind weit mehr als Buchgelehrsamkeit. In der Auslegung solcher heiliger Schriften kommt es immer wieder zu Meinungsverschiedenheiten, welche die Meister aufgrund ihres eigenen Wissens von Vergangenheit, Gegenwart und Zukunft jedoch aufräumen und klären können. So sind die Meister die Verkörperung vollkommener göttlicher Weisheit. Ihre Lehren sind von befreiender Natur, helfen sie doch den verkörperten Seelen bei ihrer Aufgabe der Befreiung und Erlösung.

> Ich bin das Brot des Lebens. Wer zu mir kommt, wird nimmermehr hungern, und wer an mich glaubt, wird nimmermehr dürsten. (Johannes 6,35)

Im *Melar-ki-war* sagt uns Guru Nanak, woran man eine Meisterseele erkennen kann:

> Wer uns das Reich Gottes in diesem Körper zeigen kann, ist eine Meisterseele.
> Er kann unsere Ohren auf die Stimme Gottes einstimmen.
> Selbst die großen Regionen und deren Unterteilungen im Universum befinden sich in ständiger Verzückung, denn sie leben von der Musik, die vom Thron Gottes ausgeht.
> Der Meister drängt die Schüler, dieser Musik im *Sukhman* (der Stelle hinter und zwischen den Augenbrauen) zu lauschen und sich dann in *Sunnya* (der Region der Stille) zu festigen, so daß alle Schwankungen des Gemüts vergehen.
> Wenn auf diese Weise der Kelch des Gemüts gerade und auf dem rechten Fleck steht, wird er mit dem Elixier des Lebens gefüllt, das den Geist stetig und ausgeglichen macht.
> Die unaufhörliche Musik der Ewigkeit wird zum ständigen Begleiter.
> Alle Strebenden widmen sich diesen fünf Offenbarungsarten und werden im Laufe der Zeit zum *Gurmukh* (Sprachrohr des *Guru).* So erreichen sie den ewigen Sitz der Wahrheit.
> Wer mit Hilfe dieser Musik den Garten Eden zurückgewinnt (aus dem er ausgestoßen war), ist der Geliebte Gottes, und Nanak wünschte sich, auf ewig sein Sklave zu sein.

Ein vollendeter Meister läßt seine Anhänger niemals im unklaren über die Nutzlosigkeit äußerer Bestrebungen. Seine Lehren richten sich im Kern einzig und allein auf die Verbindung mit *Shabd* und die Hingabe daran. Die Manifestation der immerwährenden Musik im Innern ist das Geschenk einer Meisterseele.

> Oh Nanak, wer auch immer mit einem vollendeten Meister in Berührung kommt, hört in sich die göttlichen Melodien.

Der *Satguru* ist stets in *Naam* vertieft und geleitet die Schüler gleich einem erfahrenen Lotsen sicher hinüber ins Reich Gottes, das bis dahin in ihnen brach lag.

> Wer in die Farbe von *Naam* getaucht ist, der ist ein *Satguru*, und im *Kali Yuga* ist er der Kapitän des Schiffs. Wer ihm vertraut und in ihm ruht, wird hinübergetragen, wo er die im Innern offenbarte Wahrheit findet.

• Eine Meisterseele tut zuweilen ungewöhnliche Dinge, die gewöhnlichen Menschen verwerflich erscheinen mögen. Dies geschieht, um weltlich gesinnte Menschen abzuschrecken, damit sie sich wahren Suchern nicht in den Weg stellen.

> Ein *Darwesh* (ein Gottesfürchtiger) bedarf keines *Darwan* (Torhüters);
> Doch er braucht einen, um die Hunde der Welt fern zu halten.

Für die wahren Meister sind böse Zungen und Verleumder die Torhüter, die dafür sorgen, daß weltkluge Menschen fernbleiben.

In der Biographie von Bhai Bala findet sich der Ausspruch Guru Nanaks:

> Im *Kali Yuga* werden um der leidenden Menschheit willen viele Heilige oder Manifestationen Gottes herabkommen.

Zu allen Zeiten gibt es Meisterseelen auf der Welt, so daß die Menschheit noch zu keiner Zeit ohne einen Erlöser war, und daran wird sich auch im *Kali Yuga* nichts ändern. So gibt es in allen Zeitaltern Gottesboten auf der Welt.

Bhai Ajita fragte einmal:

> Meister, willst du uns erzählen, woran wir einen vollendeten Heiligen erkennen können?

Der Meister antwortete:

> Immer wenn ein Heiliger auftritt, gibt es einflußreiche Leute, religiöse Eiferer und Menschen voller Kastendünkel, die schlecht über ihn reden. Nur sehr wenige werden zu ihm gehen. Die Masse hingegen schmäht den Meister und seine Schüler. Die meisten Menschen praktizieren Religion durch äußere Mittel wie das Lesen der Schriften, öffentliche Gebete in Kirchen, Tempeln und Moscheen, das Wiederholen von Mantras und vieles mehr. Sie praktizieren nicht *Surat Shabd Yoga* durch Einstimmen auf den ursprünglichen Klangstrom. Wenn solche Verhältnisse vorherrschen, werde ich immer wieder kommen, um den Pfad der Meister in Erinnerung zu rufen und Menschen mit *Anhad Bani* zu verbinden.

• Mit dem Erscheinen eines Meisters empfangen die Seelen, die sich schon lange nach Gott sehnen, belebende Ströme der Spiritualität. Jedem, der sich an ihn wendet, sei er nun fromm oder ein Sünder, spendet er seinen ganz besonderen Segen und Trost. In solcher Gemeinschaft erfuhren schon Diebe, Mörder und Wegelagerer eine vollkommene Umwandlung. Wie ein erfahrener Wäscher reinigt er unsere Seelen durch und durch von allen Unreinheiten physischen, mentalen und kausalen Ursprungs, bis sie in ihrer ursprünglichen Schönheit erstrahlen und zu neuem spirituellen Leben erwachen.

In einem Heiligen begegnet uns die lebendige Verkörperung selbstloser Liebe und Aufopferung. Er wendet sich an die ganze Menschheit und spricht die Seele im Menschen an. Zu Tausenden scharen sich die Sucher um ihn und ziehen Vorteil aus seinen Lehren.

• Ein Heiliger ist wahrhaft ein Sohn Gottes und hat Anteil an all Seiner Macht. Sein langer und starker Arm umspannt das Universum, und seine hilfreiche Hand reicht bis in den letzten Winkel der Welt. Entfernung zählt für ihn nicht. Seine schützende Gnade wirkt nicht selten auf erstaunliche und unvorhersehbare Weise wahre Wunder, so daß Menschen unbeschadet gefährlichen oder gar hoffnungslosen Situationen, zuweilen selbst dem Tod entkommen. Maulana Rumi erklärt:

> Die Hand einer Meisterseele ist keinesfalls kürzer als die Gottes. Sie ist tatsächlich Gottes Hand selbst.
> Wahrlich, sie reicht über sieben Himmel und erfüllt die Seelen mit Hoffnung und Vertrauen.

Dies sind nur einige wenige Kriterien, die einen Heiligen ausmachen. In diesem Zusammenhang lesen wir bei Maulana Rumi:

> Ein *Aulia* (Übermensch) birgt wunderbare Kräfte und Fähigkeiten in sich, die allein ein wirklich frommer Mensch sehen und erfahren kann.

Je weiter sich eine Seele über die Begrenzung von Körper und Gemüt erhebt und in der Gemeinschaft eines Gottmenschen weiter fortschreitet, desto mehr enthüllt sich ihr dessen erhabene Größe. Nun ist die strahlende Gestalt des Meisters immer und überall bei ihm, um im Äußeren wie im Innern seine Schritte zu lenken und alle seine Fragen zu beantworten – der einzige Lenker seines Schicksals, sein Erlöser. Auf dieser Stufe ist der Mensch fest in ihm begründet und erkennt: "Der Meister ist immer bei mir", denn nun bestätigt sich für ihn des Meisters Versprechen:

> Jedermann, ich will mit dir gehen und dein Führer sein. In der größten Not will ich dir zur Seite stehen.

Die Welt ist voll von Leuten, die sich als Meister und Menschheitslehrer ausgeben. Aber alle, die nur auf Geld und Macht, Rang und Namen aus sind, füllen diese Rolle nicht aus und sind dieser schwierigen Aufgabe nicht gewachsen. Man sollte solchen falschen Propheten möglichst aus dem Weg gehen, denn sie sind nichts anderes als Wölfe im Schafspelz.

Es zahlt sich niemals aus, einen wirklichen Meister auf die Probe zu stellen. Er weiß um Vergangenheit und Zukunft, und so ist seine Weisheit vollkommen. Gleichwohl sollten wir keine blinden Anhänger eines Meisters sein. Am besten ist es, abzuwarten, bis wir mit eigenen Augen sehen, was er ist, und wir den göttlichen Pfad in seiner vollkommenen inneren Logik erfassen.

Maulana Rumi sagt:

> Niemand kann ohne den überwältigenden Einfluß eines *Pir* (Gottmenschen) die unablässigen Schwankungen des Gemüts unter Kontrolle bringen. Halte dich an einem solchen Menschen fest. Wenn du dazu in der Lage bist, so nur durch seine Gnade, und dann wird seine Kraft in dir wirken.

Er ist ein reines und wunschloses Wesen. Lege ihm alles, was du hast und bist – Körper, Gemüt und Bindungen – zu Füßen, und er wird dich nach seinem Bilde formen. Wie kann dies aber geschehen? Der heilige Kabir weist uns den Weg:

> Gib deinen Körper und dein Gemüt dem, der nichts für sich selbst begehrt;
> Ohne einen einzigen Gedanken an dich selbst ruhe in ihm.
> Was bleibt noch nach dem Gemüt? Nicht einmal der Körper.
> Es bleibt nichts mehr hinzugeben, sagt Kabir.
> Sind Körper und Gemüt übergeben, hat man keine Last mehr zu tragen.
> Wer aber auf ein solches Opfer stolz ist, muß mit Strafe rechnen;

denn wer kann sich vom Saat-Gemüt (dem subtilen Gemüt, dem die Karmas ursprünglich entspringen) im Innern lösen?
Oh Kabir, wie kann man jenes Gemüt bezwingen und übergeben?
Wirf zusammen mit Körper und Gemüt auch das Saat-Gemüt ab!
Oh Kabir, erst wenn man die Stimme des Meisters (den Klangstrom) vernommen hat, wird man furchtlos!
Opfere das Saat-Gemüt am Altar zu den Lotos-Füßen des Meisters!
Oh Kabir, jetzt sieht man nichts als die strahlende Gestalt des Meisters!

XXIV.

Die Einheit von *Guru, Guru Dev,* *Satguru* und Gott

Die verschiedenen Aspekte der Wahrheit

In den Schriften lesen wir, daß Gott ohne Gestalt ist. Er sieht ohne Augen und verrichtet seine Arbeit ohne Hände, wandelt ohne Füße und hört ohne Ohren. Er durchdringt alles, ist jedoch unsichtbar. Er ist über alle Gedanken, alle Vorstellungskraft und alles Erkenntnisvermögen erhaben. Der Mensch mit seinem begrenzten Verstand kann Ihn nicht erfassen. Wie können wir Gott dann sehen und lieben? Liebe und Sehnsucht findet man stets zwischen ebenbürtigen Geschöpfen derselben Gattung: Die Vögel fliegen in Scharen durch die Lüfte; Tiere derselben Art empfinden Liebe zueinander und leben daher in Herden zusammen. Auch der Mensch ist von Natur aus ein geselliges Wesen und kann nicht anders, als in der Gesellschaft seiner Mitmenschen zu leben.

Konzentration bedeutet die Sammlung der menschlichen Wahrnehmungskräfte an einem Zentrum oder Brennpunkt. Was aber, wenn dieser Brennpunkt nicht erkennbar oder sichtbar ist? Wie können wir dann überhaupt Konzentration üben? Um der Menschheit hierin klare Führung zu geben, mußten Rama und Krishna im Gewand des Menschen kommen und vor wie auch nach ihnen zahllose andere Meisterheiligen. Sie offenbarten den Menschen *Sat Purush* – die Wahrheit, den Urgrund von allem Sichtbaren und Unsichtbaren, vom gesamten Universum mit seinen vielfältigen Regionen von *Sach Khand* oder *Muqam-i-Haq* bis zu *Kal Desh*, der physischen Welt, die

Verfall und Tod unterliegt. Ein muslimischer Mystiker hat dies sehr schön beschrieben:

> Wenn Er *Khud-aa* (der sich selbst bewegende Gott) ist, dann möge Er auch selbst kommen (um uns zu lehren).

Der gestaltlose Gott muß tatsächlich auf die Ebene des Menschen herabsteigen, denn nur dann kann man Ihn kennenlernen. So führt Er im Gewand eines Meisterheiligen Seinen Willen aus und unterweist jene Seelen, die sich nach Ihm sehnen und Ihn doch nicht erreichen können. Er erklärt ihnen, daß er nicht der physische Körper ist, und lehrt alle verkörperten Seelen, sich über die Begrenzungen des physischen Körpers zu erheben; Er selbst zieht die Seele durch Übertragung Seiner eigenen geistigen Kraft allmählich über den Sinnesbereich empor und wird zu ihrem Freund und Gefährten.

So muß also der Gestaltlose eine Gestalt annehmen, Seine Gottheit in einem Pol manifestieren, um die leidende und hilflose Menscheit zu führen; Er spricht zu uns von unserem ursprünglichen Wert und erzählt uns, wie wir das verlorene Reich, den Garten Eden, zurückgewinnen können, von dem wir seit Anbeginn der Zeit ausgeschlossen waren.

Die Gotteskraft wirkt in all ihrer Fülle im Pol einer Meisterseele, und so kann er mit Recht als polarisierter Gott bezeichnet werden, der mit der frohen Botschaft in die Welt kam, daß Gott und das Reich Gottes ganz nah sind und mit ein wenig Übung in der rechten Richtung leicht zu erreichen sind.

Wer die Wahrheit erkannt hat, ist ein *Satguru*. Der *Satguru* ist in Wirklichkeit nichts anderes als die personifizierte Wahrheit. Das *Wort* wird ganz greifbar Fleisch und wohnt unter uns und nimmt uns durch seine Anweisung und Führung mit, bis wir, gleich ihm, selbst zum *Wort* werden, zur bewußten Kraft, die in Übereinstimmung mit Gottes Willen und Gottes Plan wirkt.

Sei dessen gewiß, daß der *Guru* nicht von Gott getrennt ist!
Was immer er wünscht, ist Gott wohlgefällig.

XXV.

Das Wesen der Einheit

Ein *Satguru* ist eins mit *Sat* oder der Wahrheit, da er in der Wahrheit ruht und von ihr erfüllt ist. Die Wahrheit ist unendlich und allgegenwärtig, manifestiert sich jedoch in einem menschlichen Pol, um als Mensch unter Menschen zu wirken – ob wir ihn nun als Meister, *Satguru* oder mit anderen Namen bezeichnen. Er sendet das Licht der Wahrheit über das stürmische Meer des Lebens aus, um Menschen voller Sehnsucht zu führen. Man kann ihn mit einem Schalter vergleichen, der die gesamte Energie des Kraftwerks regelt und sie jeweils in solchem Maße spendet, wie der einzelne nach seinem persönlichen Bedarf und Fassungsvermögen aufnehmen kann.

Als Verkörperung dieser Kraft ist er in eine Hülle gekleidet, er selbst ist aber die Kraft im Innern dieser Hülle und nicht das Gehäuse. Dasselbe gilt für die verkörperten Seelen. Auch wir sind in Wahrheit nicht das, was wir besitzen und zu sein scheinen – physische Wesen –, sondern der Geist, der den physischen Körper belebt.

Ein Geist oder eine Seele ist ganz und gar von demselben Wesen und von derselben Kraft, die im Meister wirkt, auch wenn sie in zahllose Hüllen gekleidet ist und durch so viele Begrenzungen gehemmt ist. Wird der Geist jedoch fähig, sich über die verschiedenen Hüllen zu erheben und sich als freier, ungehinderter Geist zu erkennen, dann kann er sich von der Größe des Meisters überzeugen, denn er ist der Horizont, an dem sich Erde und Himmel begegnen und die Sonne von Gottes Licht aufgeht, um den ganzen Raum zu erhellen.

> Eine Sonne ist wahrhaft in ihm verborgen.

Wir können uns von Gottes Schönheit, Größe und Herrlichkeit keine angemessene Vorstellung machen, wenn wir nur auf die physische Gestalt des Meisters blicken. Um ihn in seinem eigentlichen Wesen zu erfahren, müssen wir uns auf seine Stufe erheben.

> Solange wir uns nicht zur Stufe Gottes erheben, können wir nichts von Gott wissen.

Da Gott Geist ist, müssen auch wir durch Selbstanalyse den Geist in uns von den materiellen Hüllen oder Schleiern, die ihn einschließen, befreien, denn allein der Geist kann den Geist sehen und erfahren; dies können weder die physischen Sinne noch der Verstand oder das Gemüt.

Die Augen des Meisters sind von besonderem Zauber, da sie sich nach innen der Unendlichkeit öffnen und im Äußeren auf das Endliche blicken. In ihnen kann man einen Blick auf das göttliche Licht erhaschen – ein unvergleichliches, schattenloses Licht, das sonst an keinem anderen Ort der Welt zu finden ist.

Maulana Rumi sagt uns darüber:

> Ein Gottmensch ist fortwährend in einem Zustand der Berauschung, ohne einen Tropfen Wein. Er ist stets gesättigt, ohne einen Bissen Nahrung.
> Seine Augen sind die Augen Gottes; seine Hände sind die Hände Gottes.

Während er in der Welt lebt, ist er nicht von der Welt, noch ist er wie wir im Körper gefangen. Er ist ein freies Wesen und erhebt sich nach eigenem Willen in die spirituellen Regionen; er ist ermächtigt, diese Kraft und Fähigkeit Tausenden von verkörperten Seelen weiterzugeben, wenn er dies wünscht.

Ein lebender Meister ist eins mit der Wahrheit, und in ihm ist die vollkommene Wahrheit lebendig, weshalb er das ihm anvertraute Werk der Erlösung erfüllen kann.

Trotz seiner Gestalt ist er gestaltlos. Er ist das personifizierte *Wort,* eine große Quelle der Liebe, der Glückseligkeit und des Friedens. Der Mensch muß vom Menschen lernen, und in Übereinstimmung mit diesem Naturgesetz wird das *Wort* Fleisch und wohnt unter uns, um spirituelle Anleitung und Führung zu gewähren. Er befähigt uns, den Heimweg anzutreten, indem er uns seinen eigenen Lebensimpuls überträgt. Während er so mitten unter uns wirkt, zieht er sich jeden Tag nach freiem Belieben in seine himmlische Wohnstätte der Wahrheit zurück, um in *Nij-anand* oder der unvergänglichen Seligkeit zu ruhen.

Der Meister der Wahrheit und die Wahrheit selbst sind eins, denn die Wahrheit wirkt durch ihn.

> Er ist über alles erhaben, selbst über *Brahma*, das Urprinzip;
> Nanak ist einem solchen *Guru* begegnet.
> Der Meister der Wahrheit ist ewig derselbe.
> Weder kommt er, noch geht er.
> Er ist das unvergängliche Lebensprinzip, das alles durchdringt.

Wie sehr wir den Meister auch rühmen mögen, wir können ihm niemals gerecht werden; denn er war, als nichts war, und aus ihm ging bei jedem Schöpfungszyklus alles hervor.

> Wer könnte zum Ruhme des Meisters singen? Er ist die Quelle der Wahrheit.
> Er ist ewig unwandelbar, die Quelle allen Lebens von Ewigkeit zu Ewigkeit.

Im *Gurbani* steht geschrieben, daß man nach genauer Prüfung unweigerlich zu dem Schluß kommt, daß der Meister die Wahrheit und die Wahrheit der Meister ist, ohne irgendeinen Unterschied.

> Als ich das große Meer im Innern aufwühlte, kam eines an die Oberfläche: Der *Guru* ist *Gobind*, und *Gobind* ist der *Guru*. Oh Nanak, es besteht kein Unterschied zwischen beiden.

Der Allmächtige wohnt im Körper eines Heiligen und erfüllt durch ihn Sein Werk.

> Das *Kartar* (Urprinzip) wohnt im Meister, und so wird er für viele Seelen zum Erlöser.
> Ohne einen Meister weiß man nichts von der göttlichen Liebe, denn allen fehlt diese Liebe. *Hari* (Gott) wohnt im Meister, und der gesegnete Meister ist das Bindeglied zwischen einer verkörperten Seele und *Hari*.

Kabir erklärt, daß er eins ist mit Gott:

> Jetzt bin ich eins mit Dir und bin fürwahr gesättigt und gesegnet.
> Nachdem ich die höchste Wohnstätte erreichte, bin ich nun eins mit Ihm; und dies so sehr, daß man Kabir nicht mehr von Rama unterscheiden kann.

Ganz ähnlich schildert Shamas-i-Tabriz seinen Zustand:

> Wir sind – wie Körper und Geist beim Menschen – so sehr eins geworden, daß von nun an niemand mehr sagen kann, ich sei von Dir verschieden.

Auch Jesus Christus sagt:

> Ich und der Vater sind eins. (Johannes 10,30)

> Wer mich gesehen hat, der hat den Vater gesehen. (Johannes 14,9)

Gott und der Gottmensch sind wie das Meer und seine Gezeiten. Im ersten Augenblick scheinen Ebbe und Flut je eine eigene Kraft zu sein, aber sie sind beide vom selben Wasser wie das ganze Meer, in dem sie aufsteigen und fallen. Dasselbe gilt für einen Tropfen Wasser. Wenn man ihn vom Meer trennt, ist er ein Tropfen, aber sobald er ins Meer zurückfließt, löst er seine scheinbar getrennte Existenz auf und wird zu einem Teil des Meeres.

Gott ist gestaltlos, während Er im Gottmensch zur Unterweisung und Führung der Sucher Gestalt annimmt.

> Nanak ist nach sorgfältigem Studium der Veden und anderen Schriften zu dem Schluß gelangt, daß es keinen Unterschied zwischen *Par Brahm* und dem *Guru* gibt.

Der offenbarte Gott ist der ursprüngliche Klangstrom, den Er durstigen Seelen durch einen Gottmenschen gewährt.

> Gott wohnt im *Guru* und lenkt den Klangstrom in die Seelen der Sucher.
> Der Meister ist in der Wahrheit begründet und lebt in ihrer beglückenden Gegenwart.
> Er ist zugleich Meister der Wahrheit und die Wahrheit selbst.
> In jedem Zeitalter kommt er zum Wohle der Ergebenen herab.

In der Bibel lesen wir:

> Das *Wort* ist Fleisch geworden und hat unter uns gewohnt ... voller Gnade und Wahrheit. (Johannes 1,14)

Und im *Gurbani* heißt es:

> Es besteht nicht der geringste Unterschied zwischen dem *Satguru* und dem *Soami* (dem wirkenden Gott und Gott selbst).
> Die Verbindung mit dem ersteren führt zur Hingabe an den letzteren.
> Ein Mensch Gottes wird als *Satguru* oder *Sat Purush* bezeichnet, und er kündet allein von *Hari*; wer auch immer auf ihn hört, wird erlöst.

Der *Guru,* der eins mit dem Allmächtigen ist, tut alles für den Schüler und segnet ihn mit allen göttlichen Offenbarungen während seiner gesamten Heimreise.

> Der *Guru* ist es, der alles tut und bewirkt; er ist der wahre *Gurmukh.*
> Der *Guru* ist ein bewußter Mitarbeiter Gottes und der Erhalter der gesamten Schöpfung.
> Der *Guru* ist der Friedensfürst und der Tröster, und er ist der *Kartar* (die große bewegende Kraft), oh Nanak! Wir leben und haben unser Sein allein in ihm.

Gosain Tulsi Das, der berühmte Verfasser des *Ramayana* in Hindi, sagt über den *Guru*:

> Heil dem Lotos des *Guru,* dem Meer der Gnade – Gott selbst in menschlicher Gestalt. Seine freundlichen Worte zerstreuen in uns die aus blinden Neigungen geborene Finsternis.

In der Bibel lesen wir, daß Jesus einmal seine Jünger fragte: "Für wen halten die Leute den Menschensohn?" ... Da antwortete Simon Petrus und sprach: "Du bist der Messias, der Sohn des lebendigen Gottes!" Und Jesus antwortete und sprach zu ihm:

> Selig bist du, Simon, Sohn des Jonas; denn nicht Fleisch und Blut hat dir das offenbart, sondern mein Vater im Himmel. (Matthäus 16,13;17)

Bei anderer Gelegenheit sprach er noch deutlicher zu ihnen:

> Philippus sagt zu ihm: Herr, zeige uns den Vater, und es genügt uns. Jesus sagt zu ihm: Schon so lange Zeit bin ich bei euch, und du hast mich nicht erkannt, Philippus? Wer mich sieht, der sieht den Vater! Wie kannst du sagen: Zeige uns den Vater? Glaubst du nicht, daß ich im Vater bin und der Vater in mir ist? (Johannes 14, 8-10)

Auch Guru Arjan hat in unmißverständlichen Worten von seiner Einheit mit Gott gesprochen:

> Meine Tempel sind in den höchsten Himmeln, und mein Reich ist grenzenlos. Meine Herrschaft währt ewig, und unermeßlich ist mein Besitz. Mein Ruhm erschallt durch alle Zeitalter, und mein Volk lebt überall. Ich werde von allen verehrt, und jeder ist mir ergeben. Mein Vater ist in meinem Innern offenbar, und Vater und Sohn wirken nun zusammen.
> Oh Nanak, der Sohn ist ein bewußter Mitarbeiter des Vaters geworden, und zwischen ihnen besteht kein Unterschied mehr.

Auch in Hindu-Schriften lesen wir:

> Der *Guru* ist *Brahma*, der *Guru* ist *Vishnu*, der *Guru* ist *Shiva*, und der *Guru* ist wahrhaftig *Par Brahm*; wir bringen unsere Huldigung dem *Guru* dar.

In der *Mandukya Upanishade* heißt es:

> Gleich wie die verschiedenen Ströme aus den Bergen in die Täler fließen und von dort schließlich in den Ozean münden, wo sie ihren Namen und ihr eigenes Sein verlieren, so verlieren die Weisen, die *Brahma* erkannten, ihren Namen und ihre unabhängige Gestalt, wenn sie mit dem erhabenen, aus sich selbst leuchtenden höchsten Wesen verschmelzen.

Hier erhebt sich die Frage, wie der allgegenwärtige Geist in den engen Grenzen eines menschlichen Körpers Platz finden soll. Im siebten Gesang der *Baghavad Gita* klärt Krishna diese Frage überzeugend:

> Unsichtbar bin ich! Nur der Tor kann glauben, daß ich sichtbar ward!
> Mein höheres Sein, das Ewige, das Höchste, blieb ihm unbekannt.
> Nicht jedem bin ich offenbar, weil mich der *Maya* Schein verbirgt;
> betört, erkennt die Welt mich nicht, den Ungeborenen, Ewigen. (Shalok 24-25)

Und im neunten Gesang, Shalok 11, sagt der Erhabene:

> Die Toren nur mißachten mich in meiner menschlichen Gestalt, sie kennen nicht mein höh'res Sein, den großen Herrn der Wesen all.

Auch die Weisen des Islam bestätigen, wie z.B. Maulana Rumi, diese Wahrheit:

> Der Arm eines *Pir* (Meisters) ist nicht kürzer als der Gottes, und die göttliche Kraft selbst wirkt durch den ersteren. Sein langer Arm reicht bis in den siebten Himmel hinein; seine Hand ist in der Hand Gottes, und keiner außer ihm offenbart Seine Größe. Eine strahlende Sonne ist wahrlich in ihm verborgen, und das größte Gut besteht darin, ihn als den zu erkennen, der er ist.

Ferner lehrt der Maulana:

> Das Licht der Wahrheit leuchtet im Herzen eines *Wali* (Gottmenschen). Wenn du ein *Momin* (Anhänger des *Guru)* bist,

magst du diese Wirklichkeit erkennen.

Der Prophet erklärte einmal, Gott selbst habe ihm gesagt, Er stehe weit über den höchsten Höhen, den tiefsten Tiefen, der Erde, dem Firmament und allen Himmeln; so seltsam es auch scheine, könne Er jedoch ganz leicht im Herzen Seiner Ergebenen wohnen, und wer Ihm begegnen wolle, solle Ihn dort aufsuchen.

Obgleich er (der *Murshid)* auf Erden lebt, dehnt sich doch seine Seele ins grenzenlose Jenseits aus, unerreichbar für alles Denken und Philosophieren religiöser Eiferer.

Shamas-i-Tabriz drückt dies auf seine Weise aus:

Der König der Könige hat Seinen Thron in uns, hinter einem dichten Vorhang. Im gemeinen Kleid des Fleisches kommt Er, damit wir Ihn finden können.

Und Bulleh Shah bezeugt:

Maula (Gott) wird Mensch, um die Menschen (aus ihrem tiefen Schlaf) aufzurütteln.

Im *Gurbani* begegnen wir vielen Hinweisen dieser Art.

Gott selbst hörte auf den Namen Ram Das*.
Von großer Weisheit ist unser Gott. Er selbst nimmt den Titel eines Heiligen an.

Oh Pipa, *Pranva* (der Klangstrom) ist die einzige Wirklichkeit und verkörpert sich zu unserer Unterweisung und Führung als *Satguru.*

---

* Der vierte *Guru* der Sikhs

> Der *Satguru* ist *Niranjan* (rein, unbefleckt); betrachte ihn nicht als menschliches Wesen.
> Ein Ergebener des Herren wird selbst zum Herrn, aber die Menschen kennen sein Geheimnis nicht.

So sagt auch Bhai Gurdas:

> *Ek Onkar* (der eine, nicht offenbare Gott) wird *Akar* (der Offenbare) und nimmt den Titel *Guru* an.

Wer dir von der (überpersönlichen) Wirklichkeit kündet und dich mit der Wirklichkeit (der ewigen Wahrheit oder dem unwandelbaren Sein) in Berührung bringen kann, ist selbst die persönliche Wirklichkeit (personifizierte Wahrheit). Er ist ohne Zweifel der ursprüngliche Klangstrom, der aus dem Höchsten hervorgeht.

Um die Menschheit zu lehren, nimmt der Klangstrom in den Heiligen materielle Gestalt an. Wie denn sonst sollten die Menschen spirituelle Unterweisung finden, wenn nicht der Geist Gottes, der mit dem Klangstrom identisch ist, zum Menschen würde und unter ihnen lebte, mit ihnen von Angesicht zu Angesicht von den Geheimnissen des Menschen und des Göttlichen spräche? Deshalb erklärt Kabir:

> *Brahma* kann nicht nur als *Brahma* sprechen. Es bedarf eines menschlichen Mittlers, um sich (den Menschen) mitzuteilen. Als menschliche Wesen, in Fleisch und Knochen gehüllt, können wir uns von jenem Einen ohne Gestalt und Attribute keine Vorstellung machen, solange er nicht auf dieser materiellen Ebene unsere Gestalt annähme, um für uns zu einem lebendigen, sichtbaren, hörbaren und verstehbaren Gott zu werden. Es ist zugleich Gott und Mensch, und kann als Gottmensch bezeichnet werden. Er ist Mittel zum Zweck, Bindeglied zwischen Mensch und Gott. Er ist das personifizierte *Wort,* damit er von Gott künden und zu Ihm führen kann.

Peter der Große, der Zar von Rußland, hatte den großen Wunsch, Schiffbau und die Kunst der Seefahrt zu erlernen, und so begab er sich, als gewöhnlicher Arbeiter verkleidet, nach Holland. In den holländischen Werften begegnete er vielen anderen russischen Arbeitern, die sich dort ihren Lebensunterhalt verdienten, und Peter arbeitete mit ihnen, sprach dabei mit ihnen über ihre russische Heimat und forderte sie des öfteren auf, mit ihm heimzukehren.

Nun waren diese armen Leute jedoch aus ihrem Vaterland verbannt worden, und so sehr sie darüber seufzten und sich danach sehnten, konnten sie nicht wagen heimzukehren. Peter erklärte ihnen, er kenne den mächtigen Zaren selbst und so wäre es ihm wohl möglich, eine Begnadigung für sie zu erwirken. Aber nur wenige konnten glauben, daß ein Mann in zerschlissenen Kleidern wie sie selbst irgend etwas mit dem Zaren zu tun haben könnte.

Als Peter seine Lehre abgeschlossen hatte und sich anschickte, nach Rußland zurückzukehren, begleiteten ihn nur die wenigen, die seinen Worten geglaubt hatten. Bei seiner Ankunft empfing man ihn allerorts mit königlichen Ehren. Als die verbannten Arbeiter sahen, mit welchen Ehren Peter begrüßt wurde, schöpften sie Mut und Vertrauen, daß er tatsächlich den Zar überreden könnte, das Verbannungsurteil gegen sie aufzuheben. Aber wie staunten sie, als sie schließlich mit Peter in die Hauptstadt kamen und der schlichte Mann, mit dem sie zusammengearbeitet hatten, den Thron bestieg.

Der Meister ist, ähnlich wie Zar Peter, der König der Könige. Wie ein gewöhnlicher Arbeiter oder Gefangener begibt er sich in die Werft oder das Gefängnis dieser Welt. Genau wie wir verdient er seinen Lebensunterhalt und erzählt uns dabei von seiner Heimat, entfacht in uns die Sehnsucht, nach Hause zurückzukehren, und bietet sich als Gefährte und Führer auf dem Heimweg an. Einige wenige, die seinen Worten Glauben schenken und seinen Rat befolgen, finden so den Weg aus dem mächtigen Gefängnis heraus und zum Thron Gottes zurück, wo ihnen der Meister in seiner strahlenden Gestalt erscheint, deren Glanz Tausende von Sonnen und Monden zusammen übersteigt.

Guru Arjan erklärt, daß Er, der uns ins Exil schickte, uns nun in Sein Reich zurückruft und uns als Seine wahren Erben und Bevollmächtigten einsetzt.

Als die Königin Indra Mati zum Schluß ihrer spirituellen Schulung *Sach Khand* erreichte, erblickte sie dort ihren Meister Kabir auf dem Thron des *Sat Purush* (des wahren Gottes). Als sie dies sah, sagte sie: "Meister, warum hast Du mir nie zuvor gesagt, daß Du *Sat Purush* selbst bist? Ich hätte Dir geglaubt." Kabir antwortete lächelnd: "Ich hätte dich seinerzeit nicht davon überzeugen können."

Alle Heiligen, die *Sat Lok* oder *Anami Desh* erlangen, werden eins mit Gott und sind somit einander ebenbürtig; man sollte keinen von ihnen als größer oder geringer als die anderen erachten.

> Wer zwischen Heiligen Unterschiede zu machen versucht, fährt blindlings zur Hölle.

Im allgemeinen scharen sich Tausende von Menschen um einen *Sat Guru* und hören seine Vorträge, aber jeder von ihnen sieht ihn durch seine ganz persönliche geistige Brille. Manche betrachten ihn als einen frommen Menschen, einige als Philosophen und andere wieder als Gelehrten. Wieder andere achten ihn als eine Persönlichkeit von vollkommener moralischer Integrität oder auch als jemanden, der selbstlos dient. Wirklich selten sind die Menschen, die Gott in ihm finden.

So findet jeder in ihm das Ebenbild dessen, was er selbst ist oder zu werden wünscht, und empfängt von ihm genau diese Eigenschaft, denn er gibt jedem den Lohn, den er verdient.

Als Mensch im physischen Gewand besteht seine oberste Pflicht natürlich darin, seine Anhänger zu wahren Menschen heranzubilden;

und als personifizierter Gott ist es seine Mission, den Suchern Gott zu offenbaren. Es hängt also alles davon ab, wie wir uns in vergangenen Inkarnationen auf diese Begegnung vorbereitet haben. Wahrhaft gesegnet ist der Mensch, der sofort für die Umwandlung zu Gott bereit ist, denn einem solchen offenbart er sogleich seine Gottheit, so wie sich Krishna seinem Schüler Arjuna in seinem göttlichen Wesen offenbarte, als dieser aus Unwissenheit zögerte, seine Pflicht als *Kshatriya*-Prinz zu erfüllen.

Ein Blinder kann unmöglich einen Menschen sehen, dessen Augenlicht intakt ist, noch kann er sich an ihm festhalten, solange jener ihm nicht freundlich die Hand reicht und ihn führt. Genauso kann niemand im Meister die Verkörperung der Wahrheit erkennen, solange er ihm nicht sein wahres Selbst offenbart. Selbst jene, die beständig um ihn sind, einschließlich seiner nächsten Verwandten, können nur selten die verborgene Gottheit in ihm erkennen.

Ohne besonders verdienstvolle Werke aus der Vergangenheit kann niemand das innerste Wesen eines Heiligen (seine Gottheit) wirklich erkennen. Wer in ihm Gott sehen und erkennen kann, ist wahrhaftig Gott begegnet, denn Er wohnt nicht nur in ihm, sondern wirkt auch unmittelbar durch ihn. Er ist der Pol, von dem die Gotteskraft ausgeht und Gottes Willen erfüllt. Bhai Nandlal erklärt:

> Gott ist beständig vor deinen Augen; siehe auf Seine segensreiche Gestalt.

Guru Nanak bezeugt:

> Der Gott Nanaks ist stets vor ihm.

So fragte Naren (der spätere Swami Vivekananda) Shri Ramakrishna bei ihrer ersten Begegnung: "Meister, hast du Gott gesehen?" Und Ramakrishna antwortete: "Ja, mein Kind ich habe Ihn so gesehen, wie ich dich sehe."

So hängt alles von unserer inneren Vision ab. Sind wir damit gesegnet oder wünscht es der *Satguru*, dann können wir sehen, wie Strahlen von Gottes Licht durch den Meister scheinen. Der ganze Zweck der spirituellen Disziplin liegt darin, uns das innere Augenlicht und das innere Gehör wiederzugeben, so daß wir Gott sowohl als die im Universum allgegenwärtige Kraft erfahren als auch Seine konzentrierte Gegenwart im Meister sehen können.

Diese Offenbarung hängt also allein vom Willen Gottes ab, niemand kann sie als sein Recht beanspruchen. Sie ist eine reine, schlichte Gabe von Ihm an einen Menschen, der sich viele Inkarnationen hindurch darauf vorbereitet hat.

XXVI.

Die Segnungen Gottes oder des Meisters

Der Pfad der Spiritualität ist keine breite Straße, die man leichten Schrittes geht. Er ist eine mühsame, schwierige Aufgabe, und der Weg führt steil bergan.

In der *Katha Upanishade* heißt es:

> Erwache, erhebe dich und empfange die Erleuchtung, indem du zu Füßen eines Meisters sitzt. Die Weisen sagen, dieser Weg sei so scharf wie eines Messers Klinge und entsprechend schwierig zu beschreiten.

Farid, ein Moslem-Heiliger von großem Ansehen, sagt:

> Oh Farid, stehe auf und durchwandere die ganze Welt in der Suche nach einem Gottesmann, denn nur dann kannst du wahren Segen erhoffen.

Im heiligen Koran wird dieser Pfad als *Pul-i-Sirat* bezeichnet, von dem es heißt, er sei "so scharf wie des Messers Schneide" und "so schmal wie ein Haar".

Auch Bhai Gurdas spricht von *Gur Sikhi* (dem Pfad des Meisters) mit denselben Worten: "Schmaler als ein Haar und schärfer als des Messers Schneide".

> Doch eng ist die Pforte und schmal der Weg, der ins Leben führt, und wenige sind es, die ihn finden. (Matthäus 7, 14)

Auch in den Veden finden sich Beschreibungen der inneren Offenbarungen und ihrer Aufgabe im Leben des Schülers. Aufgrund falscher Auslegung wurden sie oft als äußere Rituale mißverstanden, so daß die Veden im allgemeinen dem Verständnis der Menschen verschlossen blieben. Aber auch diese älteste Offenbarungsschrift Indiens läßt keinen Zweifel daran, daß der Weg zu Gott ein schmaler, steiler Pfad ist und eine Einbahnstraße, von der man nicht abschweifen sollte, bis das höchste Ziel der Vereinigung mit Gott erreicht ist.

Wie könnte ein hilfloses Geschöpf wie unsereiner, das sich machtlos den ständigen Launen des Gemüts ausgeliefert sieht und vor Wünschen, Ärger, Gier, Bindung und Egoismus nie zur Ruhe kommt, heil davon kommen, wenn es sich alleine auf diesen Weg begibt? In dieser verwirrenden Situation nimmt Sich Gott Seiner Geschöpfe an. Er nimmt die Gestalt eines gewöhnlichen Menschen an, unterwirft Sich äußerlich den Bedingungen der irdischen Existenz, um Seine Kinder zu segnen. Hier jedoch erhebt sich eine weitere Schwierigkeit: Die Lehren des Meisters zu verstehen und gewissenhaft Tag für Tag zu befolgen, sich ihm anzuvertrauen und sich mit Leib und Seele vollkommen seinem Willen zu überlassen ist keine leichte Aufgabe. Nur wenn Gott barmherzig ist und dem Ergebenen den Lohn für seine guten Karmas aus der Vergangenheit gewährt, ist dieser überhaupt in der Lage, die Wirklichkeit zu durchschauen und der Bindung an die irdische Welt zu entkommen.

> Der Meister, der Herr über das Universum, kann einen *Jiva* (eine verkörperte Seele) nach innen ziehen und die Verbindung herstellen.

Mit unserem begrenzten Erkenntnisvermögen können wir die Worte des Meisters nicht verstehen, noch an sie glauben. Die Heiligen zu verstehen ist praktisch unmöglich. Wenn jedoch die Zeit dafür reif ist und es Gott gefällt, sorgt Er dafür, daß der Sucher einem *Sant Satguru* begegnet, der ihn mit *Naam* – der wirkenden Gotteskraft, dem unaufhörlichen Klangstrom – verbindet, wodurch seine Seele allmählich immer weiter geführt wird, bis sie die Quelle des Klangstroms erreicht.

> Die nicht der Wahrheit dienen, vertrocknen wie ein schwankendes Rohr.
> Oh Nanak, der wird mit *Naam* verbunden, den der Meister damit segnet.
> Nur durch besonderes Verdienst findet man einen *Satguru*; und er verbindet den *Surat* mit *Shabd*.
> Die Begegnung mit einem Meister ist ein reines Gottesgeschenk, und dasselbe gilt für die Vereinigung mit *Hari Nam* (Gott).

Der Meister ist das Ebenbild Gottes, obgleich im physischen Gewand. Er besitzt dieselben Eigenschaften wie Gott. Er kommt, um die Sünder zu erlösen und Seine Gnade über alle zu ergießen. Er reinigt die Menschen von ihren Sünden und gewährt ihnen die Gabe von *Naam*, die als Allheilmittel gegen alles Leid wirkt, sei es physischer, geistiger oder spiritueller Natur.

> Mein Meister nimmt alle Sünden von mir, und ich vertraue mich ihm an. Vergib mir alle Schuld, oh Meister! Allein darum bittet Nanak.
> Wahrlich groß sind die Segnungen eines vollendeten Meisters.
> Indem ich *Hari* anbete, empfange ich ewige Seligkeit.
> Die Vereinigung mit dem Herrn ist die Gabe eines vollendeten Meisters. Ich erlangte für immer Vergebung und fliege nun in grenzenloser Freiheit empor.

Der englische Dichter Dryden, der im 17. Jahrhundert lebte, sagt von Christus:

Sieh, wie Gott in deiner menschlichen Gestalt herabkommt; der Geschmähte leidet für den Missetäter.
Sieh, alle deine Sünden sind auf Ihn geworfen, und all Seine Gerechtigkeit fällt dir zu.

Die Gnade des Meisters ist so grenzenlos wie seine Größe, so daß er selbst denen vergibt, die schlecht von ihm reden, und sie als die Seinen aufnimmt.

Wer schlecht vom Meister spricht, kann dennoch umkehren und entdecken, daß seine erlösende Gnade ihn in seine Gemeinschaft führt.

Zahllos sind die Menschen, deren Sünden vergeben und die sicher über das Meer des Lebens geschifft werden.

Durch *Shabd* verbrennt er die karmischen Eindrücke vieler Seelen zu Asche;
Gleich einem Kapitän lenkt er das Schiff an mancher Klippe vorbei.

Der Meister ist wahrlich Gott. Alle denkbaren Segnungen entströmen ihm unaufhörlich wie nie versiegende Quellen kühlen, erfrischenden Wassers.

Narain (der Schöpfer) wird im *Guru* zur Verkörperung des Mitleids und zum wahren Freund;
in seinem Wohlgefallen findet man alles, und Nanak bringt sich ihm zum Opfer dar.

Die größte Gabe Gottes, die er durch einen Gottmenschen gewährt, sind göttliche Offenbarungen, die den Schüler schließlich zur Erlösung führen.

Die Ergebenen Gottes erfreuen sich stets an *Naam*; durch Sei-

> ne erlösende Gnade schreiten sie beständig voran.
> Allein Sein Anblick ist besonderer Segen, den wahrhaft Gesegneten empfangen; mit der Gnade des Barmherzigen schenkt der *Satguru* die Gabe von *Naam*.
>
> Unschätzbar ist das Gut von *Naam*; der wahre Eine kann es nach freiem Belieben austeilen.

Wenn man die Gabe empfängt, gewährt es Einlaß bei Gott, denn unter der Führung eines lebenden Meisters offenbart sich Gott in der Meditation.

> Wen auch immer der Meister segnet, der empfängt die Liebe des Herrn.
> Wenn man von einem *Sadh* wahrlich gesegnet wird, so ruft es Gottes Barmherzigkeit herab, oh Nanak.

Die erlösende Gnade kommt durch die Verbindung mit *Naam* herab, und der Schüler tut das seine, wenn er beständig Seine Liebe und erlösende Gnade im Herzen trägt. Die Gnade und *Naam* verstärken sich gegenseitig und entfalten sich im gleichen Maße.

> Oh Nanak, *Naam* geht allein aus der Gnade hervor! Es gibt keinen anderen Freund außer *Ram Naam*.
> Erhebe dich über die Dualität und halte an *Naam* fest, so wird Er dich segnen.
> Der Augenblick, in dem ich die Wahrheit vergesse, der ist vergeudet.
> Denke an Ihn mit jedem Atemzug, und Seine Gnade ist mit dir.

Seine Gnade kommt herab, wenn wir Seinen *Bhana* (Willen) annehmen und sein *Hukam* (Gebot) achten.

> Wer Sein *Hukam* kennt, hat nichts zu bereuen;
> oh Nanak, graviere Sein *Naam* tief in deine Seele ein.

Ist die Saat von *Naam* erst einmal durch einen Heiligen gelegt, so muß sie Frucht tragen, und keine Macht der Welt kann sie daran hindern; so muß die Seele früher oder später ihr Ziel, die Selbsterkenntnis und Gotterkenntnis, erreichen.

> Die Wahrheit empfängt man allein durch Gnade; niemand besitzt die Macht, ihre Entfaltung zu behindern.
> Das Wasser von *Naam* fließt durch den Tod im Leben, dies ist die Erfahrung der *Gurmukhs;* Gott gewährt ihnen diesen Schatz, und niemand kann ihn stehlen.

Selbst *Kal* (die Zeit) und *Maya* (die Täuschung) haben keinerlei Einfluß auf die Saat von *Naam*, denn es hat seinen Ursprung in einer Region weit über ihrem Einflußbereich.

Im übrigen ist der Sämann, der sie aussät, der *Satguru*, *Sat Purush* selbst (in seiner manifestierten Gestalt); der Meister ist der Gebieter über alle göttlichen Offenbarungen, und er ist wahrlich Gott im Gewand des Menschen. Gott wirkt als *Ishwar* (*Niranjan,* der Herr über die feinstoffliche Region) und als *Parmeshwar* oder Gebieter über die kausale Region. Gott hat die negative Kraft zum Herrscher über die materielle Welt bestimmt, während Er die spirituellen Regionen der positiven Kraft in der Verkörperung des Meisters übergab, und so kann man sagen, daß der absolute Gott nicht selbst in dieses Geschehen eingreift.

> Die Gabe des *Guru* ist ewig; sie bringt dem Empfänger die erlösende Gnade.
> Das *Shabd* des Meisters ist das höchste Gut, oh Nanak! Der Meister ist kein anderer als Gott selbst.

Die Segnungen des höchsten Herrn sind grenzenlos, und niemals herrscht Mangel daran, obgleich man ihrer nur aufgrund außergewöhnlich guter Taten würdig ist. Schon ein Funken Gnade genügt, um eine inkarnierte Seele vom endlosen Kreislauf der Wiedergeburt zu erlösen.

> Wenn Er Seine Segnungen ausgießt, haben die endlosen Geburten ein Ende;
> sobald das Kommen und Gehen endet, findet man im Haus des Herrn ewige Ruhe.

Nur die *Gurmukhs* (Ergebenen des Meisters) finden diese Gnade, und nicht die *Manmukhs* (Ergebenen des Gemüts).

> Oh Nanak, er tut alles aus eigener Kraft, und die *Gurmukhs* erfreuen sich seiner Liebe.
> Die bitteren Worte des Meisters schmecken süß;
> seine liebevollen Worte sind ein unvergleichlicher Segen; alle seine Worte tragen reichlich Frucht,
> während die müßigen Worte anderer verhallen.

Allein durch seine Gnade entfaltet man *Naam*.

> Allein deine Gnade hilft dabei, die Kraft von *Naam* zu entfalten;
> von allen Unzulänglichkeiten befreit, ist man stets in *Naam* vertieft.

Auf sich gestellt, ist der Mensch eine hilflose Kreatur, die nichts zur Befreiung ihrer Seele tun kann. Deshalb sollte er sich nichts zugute halten auf das, was er ohnehin nur scheinbar selbst bewirkt.

> Gott allein ist der Urheber all dessen, was geschieht; er kennt die verborgenen Geheimnisse im Herzen aller.

Das Heilmittel für alles Leid und die einzige Möglichkeit, Gottes Gnade zu gewinnen, ist vollkommene Selbsthingabe in aller Bescheidenheit zu den Füßen einer Meisterseele.

XXVII.

Die Fürsorge des Meisters

Die Beziehung zwischen Meister und Schüler ist einzigartig und auf Erden ohne ihresgleichen. Dennoch versuchen die Heiligen stets, uns ein wenig davon begreiflich zu machen. Während alle weltlichen Beziehungen und Bindungen mehr oder weniger durch egoistische Motive beeinträchtigt sind, so beruht die Beziehung zwischen Meister und Schüler allein auf selbstloser Liebe.

Um einen Vergleich heranzuziehen, betrachten wir für einen Augenblick die Liebe einer Mutter zu ihrem Kind. Ein Neugeborenes ist bei der Geburt ein völlig hilfloses Wesen. Es kann sich und seine Bedürfnisse nicht angemessen zum Ausdruck bringen, noch kann es im geringsten für sich selbst sorgen, aber die Mutter nimmt sich liebevoll seiner an und sorgt in jeder Weise für das kleine Geschöpf. Sie kümmert sich um alles, was es braucht, und sorgt für sein Wohlbefinden. Es macht sie glücklich, ihr Kind glücklich zu sehen, und sie leidet mit, wenn das Kind leidet. Tag und Nacht arbeitet sie unermüdlich für das Wohl des Kindes, und kein Opfer wird ihr zu viel. Lieber versagt sie sich selbst alles, um ihrem Kind zu geben, was sie zu geben hat; sie würde nicht einmal zögern, ihrem Kind ihr Leben zu opfern.

Wenn das Kind heranwächst, nimmt es beständig die Liebe seiner Mutter auf. Sie wechseln Blicke voller Liebe, und in stummer Sprache lernt es die ersten Lektionen der Liebe. Allmählich fängt das Kleinkind zu sprechen an, zuerst in gebrochenen Silben, und die Freude der Mutter kennt keine Grenzen bei jedem Erfolg ihrer Mühen, bis das Kind alt genug ist, um für sich selbst zu sorgen.

Genauso wird ein Mensch, wenn er vom Meister angenommen wurde, gleichsam von neuem ins Haus des Meisters geboren. Voll weltlicher Bindungen und tief in Gemüt und Materie verstrickt, wird er in seine Gemeinschaft aufgenommen. Er ist so sehr mit dem Körper und den Sinneserfahrungen identifiziert, daß er sich nicht vorstellen kann, etwas vom Körper Getrenntes zu sein.

Bei all seiner weltlichen Klugheit, seinen Reichtümern, seinem Rang und Namen und was er sonst erreicht haben mag, ist er in spirituellen Dingen ein Neuling. Nachdem er ein Leben lang seine Aufmerksamkeit nie über den Sinnesbereich erhoben hat, kennt er nichts, was darüber hinausgeht.

Mit seiner Geburt in des Meisters Haus nimmt dieser eine ungeheure Bürde der Verantwortung auf sich. Durch persönliche Unterweisung und Fürsorge löst er den Schüler allmählich von seiner Verhaftung an die Sinne. Er erklärt ihm, daß er weder Körper noch Gemüt oder Verstand ist, sondern etwas viel Erhabeneres – Seele oder Geist –, und daß er von der Natur mit verschiedenen Fähigkeiten ausgestattet wurde, die einem höheren Lebenszweck dienen. Durch spirituelle Disziplin befähigt ihn der Meister, sich von den Schwankungen des Gemüts zu befreien. Nun entwickelt er ein inneres Gleichgewicht, das ihn das Leben aus einem völlig neuen Blinkwinkel sehen läßt. Seine ganze Einstellung wandelt sich, und allmählich dämmert das Bewußtsein der Seele in ihm.

Er ist nicht länger den Sinnen und ihren Gegenständen ausgeliefert, sondern findet eine innere Befriedigung, eine bis dahin unbekannte Art von Heiterkeit und Frieden, die ihn beständig am Sitz seines höheren Selbst verweilen lassen. All dies und vieles mehr verdankt er dem Meister. Eine verkörperte Seele von den Unreinheiten der Welt rein zu waschen ist wahrlich keine leichte Aufgabe, aber die unabdingbare Voraussetzung für ein spirituelles Leben.

Der Schüler muß über die Sinne, das Gemüt und den Verstand emporgezogen werden, und dazu ist niemand außer dem Meister in der Lage.

Den mächtigen Strom der Sinneswahrnehmungen und der weltlichen Neigungen zum Stillstand zu bringen und an einem Punkt zu sammeln ist in sich schon eine gewaltige Aufgabe. Der Meister ist jedoch mächtiger als die noch so starken Neigungen des Gemüts, da er über die göttlichen Offenbarungen gebietet, die von weit größerer Anziehungskraft für die Seele sind als alle Sinnesgegenstände. So befähigt er den Schüler zunächst einmal durch seine eigene Aufmerksamkeit, zum Zwecke der Meditation sein Bewußtsein von außen zurückzuziehen und an seinem Zentrum oberhalb der Sinne zu sammeln und auf diese Weise mit dem inneren Auge das Licht Gottes zu sehen. Desgleichen gibt er ihm eine erste Erfahrung vom göttlichen Klang, den er mit dem inneren Gehör wahrnimmt. Diese verlorene innere Verbindung wiederherzustellen ist die eigentliche Aufgabe eines vollendeten Meisters.

Dies ist jedoch nur der Anfang. Durch regelmäßige Übung findet der Schüler immer mehr Gefallen an den inneren Offenbarungen, so daß die göttlichen Manifestationen von Licht und Klang ihre Aufgabe der Reinigung fortsetzen können. Wenn wir sagen, daß der Meister den Schüler reinigt, so geschieht dies eigentlich durch die göttlichen Manifestationen, über die er gebietet und die er in ihrer ganzen Fülle verkörpert. Diese Offenbarungen sind eine bewußte Kraft, die dem Schüler Gottes Willen vermitteln. So besitzen sie eine eigene Dynamik, welche die Seele mit wachsender Sehnsucht nach Gott erfüllt. Je mehr Offenbarungen sie empfängt, desto reiner wird die Seele, und je reiner sie wird, desto größer wird ihre Empfänglichkeit für immer höhere Offenbarungen. Auf diese Weise wird ein Mensch von innen her umgewandelt: er versteht und erfreut sich an der ungesprochenen Sprache und dem ungeschriebenen Gesetz Gottes, und er schreitet ohne die Hilfe des Körpers und der äußeren Sinne fort.

Wahrlich gesegnet ist der Meister, der die Schüler durch seine

> Unterweisung im Innersten reinigt.
> Der *Satguru* durchschneidet alle Fesseln.

Der Meister steht seinen Schülern selbst in größten Gefahren immer zur Seite. Seine schützende Hand dient ihnen als Schutz und Schild, und sie leben fortan immer in guter Obhut. Der Meister tut dies alles, weil er die Verantwortung für sie übernommen hat; dies verpflichtet aber den Schüler zu nichts, noch ist es gesagt, daß er sich überhaupt dieser Hilfe bewußt ist.

Der Meister übernimmt es, den Schüler in einem allmählichen Prozeß aus dem Griff der karmischen Eindrücke und Rückwirkungen zu lösen. Nachdem er ihn durch Umlenken des Bewußtseinstromes von außen nach innen befreit aus der Abhängigkeit von den Sinnesfreuden hat, sorgt er dafür, daß der Strebende keine weiteren karmischen Saaten legt, die künftig zu ernten wären. Die Schwächen und Fehler, die ihm auch jetzt noch unterlaufen, nimmt der Meister hier und jetzt während des gegenwärtigen Lebens in die Hand und verfährt mit ihnen so, daß die Seele beim Tod keinerlei karmische Last mit sich trägt. So wird die Rechnung der *Kriyaman-Karmas* (der gegenwärtigen Handlungen) beglichen. Als nächstes kommen die *Pralabdha-Karmas*, die über unser Schicksal im gegenwärtigen Leben bestimmen und die der Grund für diese Inkarnation sind. Der Meister läßt sie unangetastet, doch trotz all ihrer magischen Kraft findet der Schüler heiter seinen Weg.

> Mit der Barmherzigkeit des Herrn finden alle Not und alle Mühen ein Ende.
> Der *Satguru* selbst bewahrt den Schüler vor allem Leid.

Vor allem aber gibt der Meister der Seele das Brot des Lebens zu essen, und er stillt ihren Durst mit dem Wasser des Lebens (*Naam*), bis sie spirituell heranwächst und zu einem gewissen Grad beständig wird. Der Funke von *Naam* (die wirkende oder kontrollierende Gotteskraft) verbrennt die in zahllosen Zeitaltern angesammelten, noch nicht aufgegangenen Karmas (*Sanchit* oder Speicher), so daß sie künftig nicht mehr Frucht tragen können.

> Der *Sikh* (Schüler) eines *Satguru* lebt von Manna und Elixier; soviel Güte erweist der Meister seinem Schüler.

> Ich bin das Brot des Lebens. Wer zu mir kommt, wird nimmermehr hungern; und wer an mich glaubt, wird nimmermehr dürsten. (Johannes 6,35)

Die beschützende Fürsorge des Meisters ist weit größer als die einer Mutter für ihr Kind. Seine liebevollen Augen ruhen auf seinem Schüler und bewahren ihn vor allem, was schädlich für ihn ist, denn seine Liebe ist grenzenlos.

> Gleich einer Mutter, die ihr Kind umsorgt, stets nach ihm sieht und ihm zu essen gibt, damit es heranwächst und gedeiht, so sorgt der Meister mit göttlicher Liebe für seine Lieben.

> Sowie die Mutter das Kind liebt und der Fisch das Wasser, so liebt der Meister die Seinen.

In dieser Hinsicht ist die Entfernung von geringer Bedeutung, für einen Meister zählt sie nicht. Sein langer und starker Arm reicht überall hin, und sein Blick durchdringt den ganzen Raum.

> Seine Hand ist die Hand Gottes, und Gottes Kraft wirkt durch ihn. (Maulana Rumi)

Wo auch immer ein Schüler sein mag, in welch außergewöhnlichen Umständen er sich auch befindet, der Meister ist stets bei ihm und führt ihn bei jedem Schritt, denn so lautet sein ewiges Gelöbnis:

> Jedermann, ich will mit dir gehen und dein Führer sein, in der größten Not will ich dir zur Seite stehen.

Die Lerche schwebt hoch in den Himmel hinauf, und doch brütet sie ihre Eier im Nest am Boden mit ihrer ganzen Aufmerksamkeit aus. Genauso wendet der Meister seinen Blick niemals von seinem Schüler ab, sondern spendet ihm das Wasser des Lebens – die Saat von *Naam*, die er dem Sucher in die Seele legt, bis der Geist stark genug ist, die dreifache Schale des Eies (die physische, astrale und kausale) zu durchbrechen und in seinem eigenen Glanz erstrahlt.

> Oh Nanak, der Meister sorgt für den Schüler mit seinem eigenen Lebensimpuls;
> er nimmt ihn sicher in seine Obhut und wacht beständig über ihn.

Allein die Liebe ist die Kraft, die das Bündnis zwischen dem Meister und dem Schüler unauflöslich macht. In grenzenlosem Mitleid verkündet er der leidenden Menschheit Gottes Botschaft und arbeitet unermüdlich dafür, daß sie aus dem unsichtbaren Feuer der irdischen Existenz erlöst wird. Maulana Rumi erklärt:

> Er ruft die Menschen ins Reich Gottes;
> er bittet Gott um Vergebung und Erlösung für sie.

Der *Satguru* ist der wirkliche Freund eines Schülers. Er errettet ihn aus gefährlichen, ja hoffnungslosen Situationen. Er eilt ihm zu Hilfe, wenn er keinen Ausweg mehr sieht und scheinbar mächtige Kräfte sich ihm in den Weg stellen. Von Zeit zu Zeit empfindet der Schüler den überwältigenden Einfluß des Meisters, der zu seinem besten wirkt. Ein andermal fällt es dem Schüler schwer, das Wirken des Meisters zu verstehen. So wie eine Mutter in den frühen Morgenstunden darauf wartet, daß ihr schlafendes Kind erwacht, genauso und noch viel mehr wartet der Meister darauf, daß sein Schüler, der unter dem Eindruck von Gemüt und Materie in tiefer Unwissenheit steckt, sein Haupt erhebt, ihn ansieht und in seinem Herzen froh wird.

Am offensichtlichsten erweist sich die liebende Fürsorge des Meisters in der Stunde, da der Schüler endgültig von der Welt Abschied nimmt. Während alle seine Verwandten und Freunde hilflos am Krankenbett stehen und die Ärzte den Fall für hoffnungslos erklären, erscheint die strahlende Gestalt des Meisters im Innern, um den scheidenden Geist in seine Obhut zu nehmen und in die neue Welt hinüberzugeleiten. In der Gegenwart der spirituellen Form seines Meisters überquert der Geist die Todesschwelle ohne Furcht. Je nach dem Grad des spirituellen Fortschritts, den er in seinem zurückliegenden Leben erreicht hat, wird er entweder zur weiteren spirituellen Vervollkommnung nochmals als Mensch wiedergeboren*, oder er kehrt unmittelbar in den Schoß Gottes zurück. Dies ist der Fall, wenn der Schüler bereits während des Lebens die Verbindung mit dem unaufhörlichen Klangstrom erlangte und sich Tag und Nacht daran erfreuen konnte. In diesem Fall ist die göttliche Musik in der Todesstunde von so überwältigend anziehender Kraft, daß nicht der geringste Gedanke an die Welt aufkommen kann und die Seele sich vollkommen dem göttlichen Klang überläßt und durch ihn mit Gott verschmilzt.

> Diene dem wahren *Satguru,* und mache dir den Schatz der Wahrheit ganz fest zu eigen;
> in der letzten Stunde wird er dir zu Hilfe eilen. Er allein ist der Freund, der mich auf meiner letzten Reise begleitet ...
> Mein Meister ist mein ein und alles und die Quelle allen Trostes.
> Er verbindet mich jenseits der Schwelle mit *Brahma* und kommt mir am Ende zu Hilfe.

Maulana Rumi sagt:

> Oh unwissender Tor, schließe dich rasch einem Führer an, dann wirst du vor den Schrecken des Jenseits sicher sein.

---

* Die Meister erklären, daß die spirituelle Schulung bis zur endgültigen Erlösung der Seele meist bis zu vier Inkarnationen in Anspruch nimmt.

Alle unsere weltlichen Bindungen und Beziehungen sind von vergänglicher Natur. Einige verlassen uns in der Armut, andere in der Not und wieder andere, wenn wir krank sind. Einige wenige mögen uns ein Leben lang treu sein, aber auch sie lassen wir in der Todesstunde zurück. Der *Satguru* ist jedoch der wahre Freund, denn er wacht beständig über den Schüler und umfängt ihn, wo immer er geht und steht, mit seinen schützenden Armen. Auch in der Todesstunde steht er ihm bei und geleitet den Geist in die anderen Welten hinüber.

> Oh Nanak, zerschneide alle weltlichen Bande und finde einen Heiligen, der dir wohlgesonnen ist;
> die weltlichen Bindungen enden schon während des Lebens, aber diese eine bleibt dir bis in den Tod und darüber hinaus.

Eine Seele, die durch einen *Satguru* zur Wirklichkeit erwachte, kann nicht den Todesboten zum Opfer fallen, sondern wird von der strahlenden Gestalt des Meisters begleitet, die erscheint, um sie hinüber zu geleiten, wenn sie das physische Kleid ablegt.

Kabir erklärt, daß Gold nicht rostet und Stahl nicht von Würmern zerfressen wird. Genauso ist die Seele in der Obhut eines vollendeten Meisters vor allem Schaden sicher, denn die Gotteskraft schützt und erhält sie. Selbst wenn sie noch einmal wiedergeboren werden muß, um ihre spirituelle Reise zu vollenden, wird sie durch die Barmherzigkeit des Meisters vor der Hölle eines unerträglichen Schicksals, an dem sie zugrunde gehen würde, bewahrt.

> Gold zieht keinen Rost an und Stahl keine Würmer;
> der Schüler eines Meisters kommt niemals in die Hölle.

Der Meister ist Herr über diese und die andere Welt, und er hilft der Seele hier und im Jenseits. Es gibt keinen größeren Freund.

> Ich habe bei meinem *Hari* Zuflucht genommen. Er ist mein Erhalter und stets bei mir.

In beiden Welten ist er mein Schutzengel; denn allmächtig und voller Barmherzigkeit ist der *Satguru.*
Ich habe den *Satguru* bei mir, der mir hilft in aller Not.
Wahrlich, gesegnet ist der *Satguru,* der mir Gott offenbart.
Einen größeren Freund als den *Satguru* könnte es nicht geben; er ist der Beschützer, hier und überall.

Wenn ein Mensch einem *Satguru* begegnet, mag er seinem Schöpfer dafür danken, denn der *Guru* ist sein Unterpfand dafür, daß er das ewige Leben erringt. In seinem grenzenlosen Mitleid hilft er ihm ohne zu zögern aus schwierigen Situationen heraus, ohne den geringsten Dank dafür zu erwarten. Maulana Rumi sagt von ihm:

Wohlwollend und selbstlos ist der Freund;
er hilft in ausweglosen Situationen und in der Not.

Der *Guru* hat die Pflicht übernommen, den Hilflosen zu helfen. Aus reinem Mitleid spendet er der ganzen Menschheit seine erlösende Gnade. Nichts ist so segensreich wie die Gemeinschaft mit ihm; mit dem *Guru* an seiner Seite kann man sich vertrauensvoll Millionen von Feinden entgegenstellen.

Wenn der *Guru* dein Schutz und Schild ist, können Millionen von Händen dich nicht niederschmettern.
Wahrlich gesegnet sind die Menschen, die in den Bannkreis des *Satguru* gelangen, denn sie haben weder hier noch im Jenseits etwas zu befürchten.

Die Welt verneigt sich vor ihm in Verehrung; göttliche Regionen warten begierig auf sein Kommen;
denn vollendet ist der, der mit dem Vollendeten verbunden ist.

Wie sehr sind die Schüler gesegnet, die er unter seine Fittiche nimmt; zu ihren Lebzeiten und danach eilen sie voller Freude und Zuversicht auf dem spirituellen Pfad ihrem Ziel entgegen.

XXVIII.

Der Meister – die kontrollierende Kraft

Der *Satguru* ist der Urquell der Gnade. Unergründlich sind die Wege, auf denen er sie wirken läßt. Mit einem einzigen liebevollen Blick kann er eine Seele für immer segnen. Er gießt *Naam* in Fülle aus. Wenn man von einem solchen Meister als Schüler angenommen wird, bleiben keine Wünsche offen, denn alles wird einem dazugegeben.

Im Nu dringt die Seele durch den dunklen Schleier der Unwissenheit und erfährt die Kraft seiner Gnade – das göttliche Licht und die göttliche Musik, die sich ihm nun beide offenbaren. Die Verbindung mit dem *Wort* hebt die ansonsten unauslöschlichen karmischen Eindrücke aus unzähligen Inkarnationen auf, und die Seele erlangt ewiges Leben voller Gnade und Frieden.

> Mein Freund hat mich mit Frieden gesegnet, denn er hat mir den Klangstrom im Innern offenbart;
> Mein Freund hat mir durch seine mächtige Hand Gott gezeigt.
>
> Durch des *Gurus* Hand hat Gott mich mit der Perle von *Naam* gesegnet;
> die Sünden vieler Zeitalter haben sich in nichts aufgelöst – so groß ist die Macht von *Naam*.

Wahrhaft selten sind die Menschen, denen es beschieden ist, solchermaßen durch die Hand des Meisters gesegnet zu sein.

Verehre den, der den Schatz Gottes bei sich hat;
gesegnet ist der Mensch, auf dem des Meisters Hand ruht.

Wahrlich gesegnet ist man durch die Hand des Meisters;
ein Glück, das einem unter Millionen widerfährt.

Überall und in allen Schwierigkeiten des Lebens hilft der Meister seinem Schüler, so daß er sorgenfrei wird. Die ganze Welt verneigt sich in stiller Verehrung zu seinen Füßen. Er hat freien Zugang zu den verschiedenen Regionen der Schöpfung, denn die Gnade des vollendeten Meisters führt auch ihn zur Vollendung.

Über wen sich seine Hand schützend legt, der sieht seine Kraft überall wirken;
Seine Gnade öffnet den Weg in die spirituellen Regionen, und macht allem Leid ein Ende.

XXIX.

Ergebenheit gegenüber dem Meister

Ergebenheit zu den Füßen des Meisters bedeutet, seinen eigenen Willen mit dem Willen des Meisters zu verschmelzen und sich vollkommen seiner Barmherzigkeit zu überlassen. Es ist der sicherste und leichteste Weg, um allen Sorgen und Ängsten zu entkommen. Dies ist erst möglich, wenn der Schüler vollkommenen Glauben und unerschütterliches Vertrauen in die Kompetenz des Meisters hat.

Diese Art von Selbsthingabe entspricht der eines vollkommen hilflosen Patienten, der sich dem Können eines kompetenten Chirurgen anvertraut, sein Leben in die Hände des Arztes legt und sich seinem Skalpell überläßt. Es ist auch mit dem Vertrauen zu vergleichen, das jemand dem Förster entgegenbringt, der ihn findet und ihn aus dem tiefen Wald herausführt, in dem er sich hoffnungslos verirrt hatte.

So erschöpft sich die Aufgabe des Meisters keineswegs darin, lediglich die Theorie des *Para Vidya* (Wissenschaft des Jenseits) zu lehren, sondern schließt darüber hinaus die praktische Anleitung und das spirituelle Experiment mit entsprechenden Ergebnissen ein, sowie die weitere Hilfe und Führung durch alle Schwierigkeiten hindurch, die dem Schüler begegnen mögen. Ein wahrer Freund gibt nicht nur theoretischen Unterricht darin, wie man sich von dem Einfluß von Gemüt und Materie befreien kann; vielmehr befreit er selbst die Seelen daraus.

Ein spiritueller Sucher muß zunächst nach sorgfältiger Prüfung entscheiden, ob ein Meister seines Vertrauens würdig ist. Hat er sich davon überzeugt, nachdem er eine erste unmittelbare Erfahrung vom göttlichen Licht und vom göttlichen Klang im Innern empfangen hat, dann sollte er sich mit ganzem Herzen der Autorität des Meisters unterstellen und ohne alle Vorbehalte seinem Rat folgen; schließlich kennt er allein die schwierigen Seiten und die engen Windungen des spirituellen Pfades und ist daher in der Lage, andere unfehlbar darauf zu führen.

Der Begriff Ergebenheit bedeutet somit, daß ein Schüler volles Vertrauen in das Können und die Fähigkeit des Meisters setzt und alle seine Anweisungen gewissenhaft befolgt, ob sein Verstand zustimmt oder nicht – denn unser begrenzter Verstand kann sich irren und vor seiner tiefen Weisheit versagen.

Es steht ihm nicht an, die Anordnungen des Meisters in Frage zu stellen. Vielmehr sollte er sich angwöhnen, seinen Anweisungen nachzukommen, ohne nach dem Warum und Wofür zu fragen. Der Meister ist in ständiger Verbindung mit Gottes Offenbarungen, die ihm zu jedem Zeitpunkt Vergangenheit, Gegenwart und Zukunft enthüllen, so daß sein Urteil von dieser weit höheren Warte gefällt wird, während unser Blickwinkel äußerst begrenzt ist. Dennoch wünscht er keinen blinden Gehorsam, denn diese Art von Selbstübergabe ist das natürliche Ergebnis der inneren Segnungen mit Gottes Offenbarungen, durch die der Schüler volles Vertrauen in die Göttlichkeit des Meisters gewinnt. So lernt man, dem Meister aufs Wort zu gehorchen, indem man sich aufrichtig dem *Sadhana* oder den spirituellen Übungen widmet, wie sie einem anempfohlen wurden. Dies ist der einzige Weg zum spirituellen Erfolg, einen anderen gibt es nicht.

Dies wird von Hafiz, dem großen persischen Sufi-Dichter, bestätigt:

> Tauche deinen Gebetsteppich in Wein, falls der Meister dies wünscht;

> denn er ist mit den Windungen des Pfades, der vor dir liegt, wohl vertraut.

Wenn ein Schüler sich ganz und gar dem Meister anvertraut, wird er sorglos, und der Meister kann nicht anders, als alle Verantwortung auf sich zu nehmen, so wie es eine Mutter gegenüber ihrem Kind tut, das noch nicht weiß, was gut für es ist.

Je mehr sich der Schüler in seinen spirituellen Übungen *(Sadhana)* entfaltet, desto mehr wird er zum Gefäß für des Meisters Gnade. Unter seinem gütigen, wohlwollenden Einfluß blüht seine Seele auf, und alle seine Wünsche erfüllen sich ihm mühelos.

> Die Weisen und Seher rufen von den Dächern: Eilt zu einem Meister-Heiligen, wenn ihr Frieden sucht.

Im 18. Gesang, Vers 66 der *Baghavad Gita* verkündet Krishna als Menschheitslehrer:

> Alle Satzungen aufgebend, such' mich allein als Zufluchtsort!
> Von allen Sünden werd' ich dann dich erlösen – sei unbesorgt!

Ganz ähnlich heißt es im Koran:

> Wer sich gänzlich Allah unterwirft und Gutes tut, ihm wird sein Lohn bei seinem Herrn. Keine Furcht soll auf solche kommen, noch sollen sie trauern. (2:112; 10:5)

Und ähnlich in der Bibel:

> Kommt zu mir alle, die ihr mühselig und beladen seid; ich will euch erquicken. (Matthäus 11,28)

> Rufe mich an in der Not, so will ich dich erretten. (Psalm 50,15)

Selbsthingabe ist keine leichte Aufgabe. Um sie zu erfüllen, muß man wieder zum unschuldigen Kind werden. Sie erfordert eine vollständige Umkehr und Umwandlung, an deren Ende man zu einem neuen Menschen wird. Es ist der Pfad der Selbstverleugnung, den nicht jeder gehen kann.

Im Vergleich dazu ist der Pfad der spirituellen Disziplin einfach. Denn es ist jedem gegeben, sich anzustrengen, um spirituell fortzuschreiten. Dies ist, verglichen mit dem Weg der Selbsthingabe, zwar ein langer und mühsamer Pfad, auf dem man aber im Vertrauen auf den Meister sicher und stetig vorankommt. Wem es jedoch gegeben ist, sich für die Selbsthingabe zu entscheiden, der kann alle Segnungen des Meisters rasch empfangen; denn er kehrt direkt in Seinen Schoß zurück und braucht nicht länger für irgendetwas selbst zu sorgen.

Er ist der Auserwählte des Meisters, sein geliebter Sohn, Gottes eigener Sohn. Aber nur äußerst selten ist eine noch so gesegnete Seele zu dieser Haltung fähig.

> Wenn es der Herr so bestimmt, dann, oh Nanak, kann ein Mensch den Pfad der Selbsthingabe einschlagen.
> Wahrlich gesegnet ist der, welcher sich zu den Füßen des *Satguru* hingibt;
> Der Wahrheit nahe, wird er von der Wahrheit trunken und wird eins mit ihr. Oh Nanak, allein durch die Gnade des Herrn begegnet man einem solchen *Gurmukh*.

Die spirituelle Literatur beschreibt viele Segnungen, die dieser Pfad mit sich bringt:

> Alle Leiden und Sorgen verschwinden, wenn man sich zu des Meisters Füßen selbst übergibt.
> Der Welt der Freuden und Sorgen entkommt nur der, der die Füße des *Satguru* gewinnt.

> Ein *Gurmukh* steht über den drei *Gunas* und ist dem Herrn wohlgefällig.
> In der Selbsthingabe wird das Gemüt rein; nur den Namen Gottes zu preisen ist dagegen von keiner Hilfe.
> Zum Wohl der Menschen kommen jene, die nach seinem Anblick dürsten;
> wer sich selbst übergibt, der ist errettet, und all seine Wünsche sind erfüllt.
> Alle Freuden sind im *Satguru* vereint; so verneige dich zu seinen Füßen; beseligend ist sein Anblick.
> Singe zu seinem Ruhme, du brauchst es nicht zu bereuen.
> Ich sehe, wie sich die Welt im Feuer des Egoismus verzehrt.
> Entfliehe ihr durch Hingabe an den Meister, und dann lausche dem wahren *Shabd*. Ich übergebe mich dem einen, der mich sichtbar und wirkungsvoll dazu bewegte. Seine Gnade hat die Heimat im Licht des Mondes offenbart.
> Nachdem mir ein vollendeter Meister sein eigenes Leben übertrug, ruht nun *Ram Naam* in mir;
> Oh Nanak, Hingabe zu des Meisters Füßen ruft Gottes Gnade selbst herab.
> Im *Kali Yuga* ist *Naam* überall verborgen, und der Herr durchdringt das ganze Universum;
> das kostbare *Naam* jedoch offenbart sich in der Hingabe an den Meister.

Mit dem Segen des *Guru* verliert man die Todesangst und gelangt sicher ans andere Ufer.

> Glücklich besiegt er den Tod, und niemals sieht er die Hölle.
> Oh Nanak, durch Ergebenheit wird er errettet, denn *Hari* nimmt ihn einfach in Seine Obhut.

Von dem Barmherzigen angenommen, werden alle seine Taten rein.

> Oh Nanak, niemals kommt er in die Hölle; so groß ist der Lohn

der Ergebung.
Niemand außer den Erwählten lebt in der Hingabe an *Naam*.
Oh Nanak, durch Hingabe zu den Füßen des Meisters hat das Kommen und Gehen ein Ende.
Durch Hingabe an einen *Sadh* gelangt man zum Herrn von Allem, zum Sieger über alles Leid; rasch wird man über die stürmische See des Lebens gebracht.

Wenn sich eine Seele dem *Satguru* ergibt, nimmt sie der Herr in Seinen Schutz und gewährt ihr den Segen von *Sahaj* (ewiges Glück). Nun schwinden alle Zweifel und Ängste, und man gelangt zu seinem wahren Selbst.

XXX.

Die Worte des Meisters

Wer zu einem Meister kommt, sollte ihm mit aufgeschlossenem Herzen begegnen. Hat man selbst eingesehen, daß alle bisherigen Bemühungen, als Einzelner wie auch in der Gesellschaft, nicht die Erlösung brachten, sollte man ihnen Lebewohl sagen und den Meister hinsichtlich der spirituellen Praxis um Unterweisung bitten.

Hat der Gottsucher sie erhalten, muß er sie gewissenhaft befolgen, und darin sollte seine ganze Hingabe bestehen. Die Anweisungen des Meisters sollten als unumstößliche Wahrheit angenommen werden, ob sie nun der Prüfung durch unseren Intellekt standhalten oder nicht. Schließlich sind unser Verstand und die Vernunft begrenzt und reichen nicht bis in die Tiefen, in die der Meister vordringt. Ihm sind Vergangenheit, Gegenwart und Zukunft ein offenes Buch, und selbst wenn seine Worte uns im Augenblick unannehmbar erscheinen, so wird uns ihr Sinn früher oder später auf überzeugende Weise enthüllt, denn er wünscht keine blinden Anhänger.

Bloßes Lippenbekenntnis zahlt sich bei einem Meister niemals aus. Der Meister möchte, daß wir mit Liebe und Gehorsam seine Worte befolgen, denn hierin liegt der ganze Segen für den Schüler. So verkündet das Johannes-Evangelium eindringlich:

> Wenn ihr mich liebt, haltet meine Gebote. (Johannes 14,15)

> Werdet Vollbringer des Wortes und nicht bloß Hörer, denn sonst betrügt ihr euch selbst. (Jakobus 1,22)

Bloßes Gerede über Spiritualität ist von keinem Nutzen.

> Auf den Lehrstuhl des Mose haben sich die Schriftgelehrten und Pharisäer gesetzt. ... nach ihren Werken aber handelt nicht, denn sie reden zwar, handeln aber nicht. (Matthäus 23,2-3)

> Denn nicht im Reden besteht das Gottesreich, sondern in Kraft. (1. Korinther 4,20)

> Wenn ich mit Menschen–, ja mit Engelszungen redete, hätte aber der Liebe nicht, so wäre ich ein tönendes Erz und eine gellende Schelle. (1. Korinther 13,1)

Dasselbe kann man vom *Darshan* sagen, d.h. vom Anblick eines Meisters. Viele Menschen kommen zu einem Meister, sitzen eine Weile bei ihm und haben vielleicht auch Gelegenheit, mit ihm zu sprechen. Die meisten werden dabei vorübergehend Gemütsruhe und Frieden finden, jedoch feststellen, daß ihr Gemüt sofort wieder zu rebellieren und Körper und Seele zu beherrschen anfängt, sobald sie von ihm fortgehen.

Nur durch Liebe und Hingabe kann ein Schüler den *Darshan* des Meisters wirklich empfangen. Durch Liebe kommen wir mit ungeteilter Aufmerksamkeit zu ihm, und dann genügt ein einziger barmherziger Blick, um die Seele mit *Naam* zu berauschen. Ein untrügliches Zeichen dafür, daß ein Schüler mit dieser Erfahrung gesegnet ist, finden wir in seinem Schweigen. Das innige Glück, das er in seiner Seele erfährt, ist ihm viel zu kostbar, um es durch äußere Worte auch nur einen Augenblick zu verlieren. Wer dem Meister so begegnet, dem dringen seine Worte tief ins Herz, und er wird kaum auch nur daran denken, sie nicht zu befolgen.

> Wenn ihr in mir bleibt und meine Worte in euch bleiben, dann bittet, um was ihr wollt, und es wird euch zuteil werden. Dadurch ist mein Vater verherrlicht, daß ihr viele Frucht bringt

> und meine Jünger werdet. (Johannes 15,7-8)

> An ihren Früchten also werdet ihr sie erkennen. (Matthäus 7,20)

> Bei dem aber auf gutes Erdreich gesät ist, das ist jener, der das Wort hört und versteht; der bringt dann auch Frucht; und der eine trägt hundertfach, der andere sechzigfach, der andere dreißigfach. (Matthäus 13,23)

Die Welt wird hier (Matthäus 13,30) mit einer Ernte verglichen, bei der die Erntearbeiter nur auf die Frucht schauen.

> Nimm die Worte des Meisters als unumstößliche Wahrheit, und ernte die Frucht des Lebens.

Die Worte des Meisters lassen sich nicht vom Meister trennen. Wes das Herz voll ist, des geht der Mund über. Der Meister ruht im *Wort,* und seine Worte bringen das zum Ausdruck, was in ihm ist – das *Wort,* den Lebensimpuls und die Kraft. Wie sollte denn das eine vom anderen zu trennen sein? Seine Worte dringen zweifellos ins Herz der Sucher, und wer könnte wohl die Sehnsucht nach Gott, unter der sie leiden, besser verstehen als er?

> Als die Sehnsucht nach dem Herrn schmerzte, drangen die Worte des Meisters mir tief in die Seele; das Herz allein kennt die Qualen, wer sonst weiß um den Schmerz eines anderen?

Je mehr Gewicht man den Worten des Meisters beimißt, desto mehr Gnade wird man empfangen. Wahre Ergebung gegenüber dem Meister besteht darin, seine Gebote anzunehmen und zu befolgen. Guru Ram Das rät, den Gedanken an den Meister zu unserem ständigen Gefährten zu machen, was auch immer wir gerade tun. Hinter seinen Worten verbirgt sich der Meister selbst, und seine Worte sind der wahre Meister.

Heilig ist das *Wort* des Meisters, dadurch gewinnt man das Elixier des Lebens; durch Gehorsam gegenüber seinen Worten erlangt man ewiges Leben.
Verweile stets im *Wort* des Meisters, denn dies ist wahre Hingabe und die Wahrheit selbst.
Handle in Übereinstimmung mit des Meisters Worten; dies ist wahre Meditation.

Hier wird, ganz ähnlich wie im Neuen Testament, zwischen dem *Wort* (*Logos*) und den Worten des Meisters unterschieden. Das *Wort* oder der *Logos* ist das Elixier des Lebens, die spirituelle Kraft, die man von einem Meister empfängt und die ewiges Leben verleiht. Es offenbart sich auf unterschiedlichen Stufen in Licht, Klang und im *Soma* oder der reinen Glückseligkeit. Diese letzte Stufe, den unaufhörlichen Offenbarungsstrom, erreicht der Schüler nur, wenn er sich dem Meister ergeben hat und seinen Worten – seinen Anweisungen – ohne Wenn und Aber gehorcht. Hingabe an seine Worte führt zu Hingabe an das *Wort*.

Durch die Unterweisungen des Meisters verbinde dich mit *Ram Naam*. Trinke diesen Nektar in der Gemeinschaft von Heiligen.
Erreiche deine ursprüngliche Heimat mit der Hilfe eines Meisters;
dann gibt es kein Kommen und Gehen mehr.

Nicht durch Werke auf der Sinnesebene gelangt man in das Schatzhaus von *Naam*. Alle Gläubigen lauschen den Versen den heiligen Schriften oder singen sie zu Gottes Ruhm, aber nur diejenigen ziehen Gewinn aus Gottes Botschaften, welche die Worte des Meisters als unumstößliche Wahrheit annehmen:

Schüler und Arbeiter (im Werk des Meisters) kommen zum Meister und singen die heiligen Verse aus den religiösen Schriften; nur deren Lobgesang wird angenommen, die voller

Glauben die Worte des Meisters annehmen.

Wenn man dem Meister immer wieder begegnet, wird die Liebe zu ihm immer stärker; und wer seine Worte als Wahrheit achtet, den liebt der Herr. Die Anweisungen des Meisters sollte man von ganzem Herzen befolgen; dann wird man mit dem unaufhörlichen Klangstrom verbunden, der die Seele in ihre ursprüngliche Heimat zurückgeleitet.

Was auch immer der Meister sagt, das müßt ihr tun;
indem ihr dem Klangstrom folgt, gelangt ihr in das verlorene Reich und erringt mit der Hilfe von *Naam* den Siegeskranz.

Wer auf sein Geheiß handelt, empfängt wahren Trost zum Lohn;
folge seinen Weisungen, oh Nanak, und gelange furchtlos ans andere Ufer!

Es ist absolut notwendig, dem Meister nach seinem Willen zu dienen, denn darin liegt das Heil für den Schüler. Viele Menschen begegnen dem *Satguru,* aber das allein ist nicht genug. Die Erlösung erlangt man, indem man ihm in Gedanken, Worten und Taten gehorcht.

Alle blicken auf den Meister, ja, die ganze Welt;
ohne die Verbindung mit *Naam* führt sein bloßer Anblick jedoch nicht zur Erlösung.

Der Meister muß ein praktischer Lehrer des *Surat Shabd Yoga* sein und *Shabd* in uns offenbaren können – jenes *Shabd*, das nicht in den neun Körperöffnungen, sondern allein in der zehnten Tür oberhalb der Sinne zu finden ist.

Wenn man einen solchen Meister gefunden hat, bringt er des Schülers Gemüt unter die Kontrolle der göttlichen Offenbarungen, unter deren überwältigendem Einfluß es sich freudig dem Willen Gottes überantwortet. Wem dieses Glück widerfährt, der zieht den größten Nutzen aus seiner menschlichen Geburt, denn er erreicht das höchste Ziel des menschlichen Lebens. Mit ihm werden all jene gesegnet, die ihm nahestehen und die durch sein Beispiel inspiriert werden, ebenfalls die Führung des Meisters anzunehmen.

> Wahrhaft gesegnet ist die Geburt jener, die dem Willen des Meisters ergeben sind;
> denn sie erretten ihre Familien und machen ihrer Mutter alle Ehre.
> Wer sein Leben nach dem Vorbild des Meisters formt, dem kann kein Leid widerfahren;
> auf seinem Weg liegt der See des Nektars, und leicht gelangt er dorthin.

Ein Schüler, der den Willen des Meisters befolgt, erwirbt das Elixier des Lebens und ererbt das Reich Gottes.

> Oh Mensch, gehorche dem Willen deines Meisters, verweile in deiner ursprünglichen Heimat und erfreue dich am ewigen Leben.

Wer versteht den Willen des Meisters und befolgt ihn allem? Einer, in dem die Gnade des Herrn wirkt.

> In wem die Gnade des Herrn wirkt, der allein macht sich die Worte des Meisters zu eigen.

Es gibt keinen größeren Menschen als den, der des Meisters Worte annimmt und dadurch Gott erkennt. Wir sollten daher nach dem *Wort (Logos)* streben und uns bemühen, durch den *Sant Satguru* eine Verbindung damit zu erlangen.

> Oh Gemüt, achte stets die Worte des Herrn; wer durch das *Wort (Logos)* seine ursprüngliche Heimat wiedererlangt, ist das

Kronjuwel unter den Menschen.

Die Segnungen von *Hari Naam* sind zu viele, als daß man sie aufzählen könnte. Wer in die Farbe des *Wortes* gefärbt wird, singt stets zum Ruhme Gottes. Alle seine Werke nehmen im rechten Augenblick die rechte Gestalt an. Was er wünscht, muß geschehen, denn die Natur selbst steht ihm zu Gebote. Er ist von allen Leiden und Gebrechen frei. Er verliert jeden Gedanken an Ich und Mein und wird niemals selbstgefälllig. Er erhebt sich über alle Gegensätze: reich und arm, Wohl und Weh, Freud und Leid, Ruhm und Vergessenheit; denn er ist stets von Gleichmut und Heiterkeit erfüllt.

Das Gift von Gemüt und Materie hat auf einen solchen Ergebenen keine Wirkung mehr. Er lebt in der Welt, ist jedoch nicht länger von der Welt, sondern losgelöst und sorglos. Ohne jede Bindung geht er, wohin er will. Die Täuschungen und Enttäuschungen der Welt berühren ihn nicht. Er ist der Herrschaft von *Kal* (der Zeit) entkommen, denn weder bindet ihn die Zeit, noch begrenzt ihn der Raum, noch hat die Kausaliät Macht über ihn. Er gewinnt das ewige Leben und kehrt in das Reich Gottes zurück, das er am Anbeginn der Schöpfung verlassen mußte. Er rettet nicht nur seine eigene Seele, sondern durch die Macht des *Wortes* auch die Seelen vieler anderer, die mit ihm in Berührung kommen.

Wahrlich gesegnet ist der Mensch, dem das Glück widerfährt, in die Gemeinschaft eines *Sant Satguru* aufgenommen zu werden und das höchste Gut des Lebens zu erringen.

Elvira Glöckner/
Inge Schedlbauer
Vegetarisches Kochbuch
900 Rezepte aus Getreide, Milch- und Sojaprodukten, Gemüse und Früchten.

552 Seiten, dekorativer, abwaschbarer Einband
ISBN 3-9926696-19-2
Preis: DM 34,-

Zu beziehen durch Ihren Buchhändler oder direkt von SANDILA GmbH
Verlag und Versand
Sägestr. 37
D-79737 Herrischried
Tel.: 07764/1026
Fax: 07764/6660

Der Vegetarismus ist heute so aktuell wie nie zuvor: denn immer mehr Menschen lehnen aus den verschiedensten Gründen den Fleischverzehr ab.
Hier wurde in Teamarbeit ein vegetarisches Kochbuch zusammengestellt, das diesem Bedürfnis Rechnung trägt. In nicht weniger als 900 Rezepten finden Sie von schmackhaften Salaten bis zum feinsten eilosen Gebäck, von kräftiger Hausmannskost bis zu exotisch-ausgefallenen Speisen eine Vielfalt, wie sie die herkömmliche Mischkost nicht zu bieten hat – selbstverständlich in Vollwert-Qualität!
Besonders hilfreich: Einfache Rezepte sind extra gekennzeichnet, ebenso Rezepte für Singles. Jedem Kapitel geht ein ausführlicher Kochkurs voraus. Dazu werden Menuevorschläge gemacht, die jeder Tafel zur Ehre gereichen!
Eine Liste mit ausgefalleneren Produkten (z.B. bestimmte Gewürze, usw.) mit ihren jeweiligen Bezugsquellen wird Ihnen den Einkauf erleichtern.

HEILEN
durch den
GEIST

Soami Divyanand

Soami Divyanand
Heilen durch den Geist

130 Seiten, kartoniert
ISBN 3-926696-21-4

Preis: DM 16,80

Zu beziehen durch Ihren
Buchhändler oder direkt
von SANDILA GmbH
Verlag und Versand
Sägestr. 37
D-79737 Herrischried
Tel.: 07764/1026
Fax: 07764/6660

Je mehr sich in den letzten Jahren das Bewußtsein vieler Menschen von den Krankheitsursachen gewandelt hat, desto größer wurde auch das Interesse am sog. geistigen Heilen. Inwieweit aber kann es einen kranken Menschen tatsächlich Heilen? Was ist im Unterschied zum Geistheilen mit "Heilen durch den Geist" gemeint? Diese und viele weitergehende Fragen greift der Autor in ungewöhnlicher Weise auf. Das Fazit dieses Buches lautet: Krankheit und andere menschliche Nöte rühren von fehlgeleitetem Lebensstil und Verhalten her, die sich unserer Seele aufprägen und somit zu weiterem "unheilsamem" Handeln Anlaß geben. Auf dieser spirituellen Ebene, die jenseits von Körper, Verstand und Emotionen liegt, setzt das "Heilen durch den Geist" an. Es ist der alles durchdringende – und daher allwissende und allmächtige – Geist Gottes, der unsere Heilung, unser Heil bewirkt: Durch die Begegnung mit seinen Ausdrucksformen in der Meditation wird die schicksalsträchtige Prägung unserer Seele aufgehoben und durch göttliche Weisheit ersetzt.